Winkler

Schemata und Definitionen
Öffentliches Recht

Schemata und Definitionen Öffentliches Recht

von

Dr. Daniela Winkler
Professorin an der Universität Stuttgart

2. Auflage 2018

C.H.BECK

www.beck.de

ISBN 978 3 406 72359 9

Wilhelmstraße 9, 80801 München
Druck: Druckhaus Nomos
In den Lissen 12, 76547 Sinzheim

Satz: DTP-Vorlagen der Autorin

Gedruckt auf säurefreiem, alterungsbeständigem Papier
(hergestellt aus chlorfrei gebleichtem Zellstoff)

Vorwort

Dieses kleine Kompendium bietet einen Überblick über die wesentlichen Prüfungsfragen des öffentlichen Rechts. Herausgegriffen werden die wichtigsten Gestaltungen des Staats- und Verwaltungsrechts, des europäischen sowie des internationalen Rechts.

Das Kompendium soll als Wegweiser durch das Dickicht der juristischen Falllösungen dienen und insbesondere in der Klausurvorbereitung sowie zum Einstieg in ein Rechtsgebiet helfen. Die angebotenen Schemata erheben nicht den Anspruch auf Verbindlichkeit – sie haben sich jedoch über lange Jahre in der juristischen Ausbildung bewährt.

Über konstruktive Kritik und Verbesserungs- oder auch Erweiterungsvorschläge freue ich mich unter jurakompakt@beck.de. Seit der ersten Auflage hat das Kompendium verschiedene Erweiterungen und Ergänzungen erfahren. Ich wünsche allen Leserinnen und Lesern viel Glück und Erfolg in den Prüfungen!

Stuttgart, im Januar 2018 *Daniela Winkler*

Inhaltsverzeichnis

Abkürzungsverzeichnis

a.A.	anderer Ansicht
AAZuVO	Aufenthalts- und Asyl-Zuständigkeitsverordnung BW
AbfZustV	Abfallzuständigkeitsverordnung BY
Abs.	Absatz
AEUV	Vertrag über die Arbeitsweise der Europäischen Union
AGVwGO	Ausführungsgesetz zur VwGO
Alt.	Alternative(n)
Art.	Artikel
AufenthG	Aufenthaltsgesetz
Aufl.	Auflage
BauGB	Baugesetzbuch
BauNVO	Baunutzungsverordnung
BauO	Bauordnung
BayBO	Bayerische Bauordnung
BayImschG	Bayerisches Immissionsschutzgesetz
BayStrWG	Bayerisches Straßen- und Wegegesetz
BayVersG	Bayerisches Versammlungsgesetz
BBG	Bundesbeamtengesetz
BeamtStG	Beamtenstatusgesetz
BestG	Bestattungsgesetz
BGB	Bürgerliches Gesetzbuch
BGHZ	Entscheidungen des Bundesgerichtshofs in Zivilsachen
BImSchG	Bundes-Immissionsschutzgesetz
BImSchVO	Verordnung zur Durchführung des Bundes-Immissionsschutzgesetzes
BImSchZuVO	Immissionsschutz-Zuständigkeitsverordnung BW
BRD	Bundesrepublik Deutschland
BRRG	Beamtenrechtsrahmengesetz
BVerfG	Bundesverfassungsgericht
BVerfGG	Bundesverfassungsgerichtsgesetz
BVerfGE	Entscheidung des Bundesverfassungsgerichts
BVerwG	Bundesverwaltungsgericht
BVerwGE	Entscheidung des Bundesverwaltungsgerichts
BVFG	Bundesvertriebenengesetz
BW	Baden-Württemberg
BWG	Bundeswahlgesetz
BY	Bayern
bzgl.	bezüglich

bzw.	beziehungsweise
d.h.	das heißt
EMRK	Europäische Menschenrechtskonvention
etc.	et cetera
f., ff.	folgende(r)
GastG	Gaststättengesetz
GastV	Gaststättenverordnung BY
GastVO	Gaststättenverordnung BW
GebG	Gebührengesetz NRW
gem.	gemäß
GemO	Gemeindeordnung BW
GewO	Gewerbeordnung
GewOZuVO	Verordnung der Landesregierung über Zuständigkeiten nach der Gewerbeordnung BW
GewRV	Gewerberechtsverordnung NRW
GewV	Verordnung zur Durchführung der Gewerbeordnung BY
GG	Grundgesetz
ggf.	gegebenenfalls
GO BReg	Geschäftsordnung der Bundesregierung
GO BT	Geschäftsordnung des Bundestages
GO	Gemeindeordnung
GrCh	Grundrechtecharta
grds.	Grundsätzlich
GVG	Gerichtsverfassungsgesetz
h.M.	herrschende Meinung
i.d.R.	in der Regel
i.S.(d.)	im Sinne (der/des)
iVm	in Verbindung mit
IGH	Internationaler Gerichtshof
ILC	Interational Law Commission
insb.	insbesondere
KAG	Kommunalabgabengesetz
KrO	Kreisordnung
KrWG	Kreislaufwirtschaftsgesetz
LabfG	Landesabfallgesetz
LBO	Landesbauordung
LG	Landschaftsgesetz NRW
LHundG	Landeshundegesetz NRW
LStVG	Landesstraf- und Verordnungsgesetz BY
LVwVGKO	Vollstreckungskostenordnung BW
Nr.	Nummer
NRW	Nordrhein-Westfalen
OBG	Ordnungsbehördengesetz NRW
OVG	Oberverwaltungsgericht
PAG	Polizeiaufgabengesetz BY
PartG	Parteiengesetz
PBefG	Personenbeförderungsgesetz

POG	Polizeiorganisationsgesetz
PolG	Polizeigesetz
PreußALR	Allgemeines Landrecht für die Preußischen Staaten
PUAG	Untersuchungsausschussgesetz
s.(o.)	siehe (oben)
sog.	sogenannte/r/s
StGB	Strafgesetzbuch
StPO	Strafprozessordnung
StrG	Straßengesetz BW
StrWG	Straßen- und Wegegesetz NRW
u.a.	unter anderem
usw.	und so weiter
VA	Verwaltungsakt
Var.	Variante
VersammlGZustV	Verordnung über Zuständigkeiten nach dem Versammlungsgesetz NRW
VersGZuV	Verordnung des Innenministeriums über Zuständigkeiten nach dem Versammlungsgesetz BW
VGH	Verwaltungsgerichtshof
vgl.	vergleiche
VN	Vereine Nationen
VwGO	Verwaltungsgerichtsordnung
VwVfG	Verwaltungsverfahrensgesetz
VwZVG	Verwaltungszustellungs- und Vollstreckungsgesetz BY
WRV	Weimarer Reichsverfassung
zB	zum Beispiel
ZPO	Zivilprozessordnung
ZustAVO	Verordnung über Zuständigkeiten im Ausländerwesen NRW
ZustVAuslR	Zuständigkeitsverordnung Ausländerrecht BY
ZustVU	Zuständigkeitsverordnung Umweltschutz NRW

Erster Abschnitt: Staatsrecht

Staat	Die „mit ursprünglicher Herrschaftsmacht ausgerüstete Körperschaft eines sesshaften Volkes“ (Jellinek). Der Staatsbegriff umfasst danach *Staatsgebiet*, *Staatsgewalt* und *Staatsvolk (3-Elemente-Lehre)*.	1
Staatsgebiet	Territorialer Bereich, auf den sich die Staatsgewalt erstreckt.	2
Staatsgewalt	Alleinige, umfassende und prinzipiell unbegrenzte Herrschaftsmacht des Staates innerhalb seines Staatsgebietes und über sein Staatsvolk (Territorial- und Personalhoheit).	3
Staatsvolk	All jene Personen, auf die sich die Staatsgewalt in personeller Hinsicht erstreckt.	4

A. Rechtsquellen

Formelles Gesetz (Parlamentsgesetz)	Maßnahme, die vom Parlament in einem Gesetzgebungsverfahren beschlossen wird.	5
Materielles Gesetz (Rechtsnorm)	Jede generell-abstrakte Regelung mit Außenwirkung.	6
Rechtsverordnung	Rechtsnorm, die durch ein Regierungs- oder Verwaltungsorgan erlassen wird.	7

I. Formelles Gesetz (Parlamentsgesetz)

1. Gesetzgebungskompetenzen

Ausschließliche Kompetenz	Kompetenz des Bundes, bestimmte Gegenstände in alleiniger Zuständigkeit zu regeln.	8
Bundeskompetenz kraft Natur der Sache	besteht bei Sachgebieten, die logisch zwingend nur durch den Bund oder bundeseinheitlich erfolgen (zB Regelung der Nationalhymne, der Flagge, der Nationalfeiertage).	9

10	Bundeskompetenz kraft Sachzusammenhang	besteht, „wenn eine dem Bund ausdrücklich zugewiesene Materie verständlicherweise nicht geregelt werden kann, ohne daß zugleich eine nicht ausdrücklich zugewiesene Materie mitgeregelt wird, wenn also ein Übergreifen in nicht zugewiesene Materien unerlässliche Voraussetzung für die Regelung einer der Bundesgesetzgebung ausdrücklich zugewiesenen Materie" ist (BVerfGE 3, 407 [421]; 98, 265, [299]).
11	Annexkompetenz des Bundes	verbleibt innerhalb des durch den ausdrücklichen Kompetenztitel bezeichneten Sachbereichs und erweitert diesen durch Einbeziehung von Stadien der Vorbereitung und Durchführung.
12	Konkurrierende Kompetenz	Gesetzgebungsbefugnis der Länder, solange und soweit der Bund von seiner Gesetzgebungszuständigkeit nicht durch Gesetz Gebrauch gemacht hat.
13	Zur Herstellung gleichwertiger Lebensverhältnisse	dient ein Gesetz wenn es darum geht, eine bereits eingetretene oder konkret drohende erhebliche Auseinanderentwicklung der Lebensverhältnisse in den Bundesländern umzukehren oder zu verhindern, die das bundesstaatliche Sozialgefüge beeinträchtigt (BVerfGE 106, 62 [143 f.]).
14	Der Wahrung der Rechtseinheit	dient ein Gesetz, wenn die unterschiedliche Behandlung desselben Lebenssachverhalts in den verschiedenen Ländern unter Umständen erhebliche Rechtsunsicherheiten und damit unzumutbare Behinderungen für den länderübergreifenden Rechtsverkehr ergeben kann.
15	Der Wahrung der Wirtschaftseinheit	dient ein Gesetz, wenn es um die Erhaltung der Funktionseinheit des Wirtschaftsraums der Bundesrepublik durch bundeseinheitliche Rechtssetzung geht.

I. Gesetzgebungskompetenz des Bundesgesetzgebers **16**

1. Ausschließliche Kompetenz

   a) Katalog der Sachbereiche des Art. 73 I GG

   b) Vereinzelt im GG: zB Art. 4 III 2 GG; Art. 21 III GG; Art. 23 I 2 GG, Art. 38 III GG; Art. 93 III GG, Art. 105 I GG

   c) Ungeschriebene Kompetenzen

      aa) Bundeskompetenz kraft Natur der Sache

      bb) Bundeskompetenz kraft Sachzusammenhang

      cc) Annexkompetenz des Bundes

2. Konkurrierende Kompetenz

   a) Katalog der Sachbereiche des Art. 74 I GG *und*

   b) Erfordernis bundeseinheitlicher Regelung (Art. 72 II GG)

      aa) Unwiderlegliche Vermutung nicht in Abs. 2 genannte Fälle

      bb) Prüfungserfordernis (!) für in Abs. 2 genannte Fälle

         (1) Herstellung gleichwertiger Lebensverhältnisse (Var. 1)

         (2) Wahrung der Rechtseinheit (Var. 2)

         (3) Wahrung der Wirtschaftseinheit (Var. 3)

II. Gesetzgebungskompetenz des Landesgesetzgebers

1. In den oben nicht genannten Fällen (Art. 70 I GG)

2. Im Bereich der ausschließlichen Kompetenz nur, wenn und soweit sie hierzu in einem Bundesgesetze ausdrücklich ermächtigt werden (Art. 71 GG)

3. Im Bereich der konkurrierenden Kompetenz

   a) solange und soweit der Bund von seiner Gesetzgebungszuständigkeit nicht durch Gesetz Gebrauch gemacht hat (Art. 72 I GG),

   b) im Falle einer Abweichungskompetenz (Art. 72 III GG)

2. Gesetzgebungsverfahren

17	Lesung	Sitzung im Parlament, in der über einen Gesetzesentwurf diskutiert wird.
18	Beschlussfähigkeit	Fähigkeit eines Kollegialorgans (hier: des Parlaments), wirksame Entscheidungen fassen zu können.
19	Abstimmungsmehrheit	Abstimmungsmehrheit nimmt als Bezugspunkt die Gesamtzahl der abgegebenen Stimmen, d. h. Stimmenthaltungen zählen nicht (= relative Mehrheit).
20	Einfache Abstimmungsmehrheit	Abstimmungsmehrheit im Vergleich zu den Stimmen, die andere Personen in einer Sachfrage abgegeben haben.
21	Mitgliedermehrheit (= absolute Mehrheit, Kanzlermehrheit)	Mehrheit der gesetzlichen Mitgliederzahl des Bundestages (Art. 121 GG). = 598 plus Überhangmandate nach § 1 I 1 iVm § 6 V BWG.
22	Qualifizierte Mitgliedermehrheit	Mehrheit der Mitglieder entsprechend einem verfassungsgesetzlich festgelegten Quorum.
23	Unverzüglich	Ohne schuldhaftes Zögern (§ 121 I BGB).
24	Einspruchsgesetz	Bundesgesetze, die ohne Zustimmung des Bundesrates in Kraft treten können, weil der Einspruch durch den Bundestag zurückgewiesen werden kann (überwindbares Veto; vgl. Art. 77, 78 GG).
25	Zustimmungsgesetz	Bundesgesetze, die nur mit Zustimmung des Bundesrates in Kraft treten können.
26	Doppelt qualifizierte (Abstimmungs-) Mehrheit	Wenn der Bundesrat mit 2/3 Mehrheit Einspruch gegen ein Gesetz erhoben hat, muss die Zurückweisung des Einspruchs mit einer 2/3-Mehrheit der abgegebenen Stimmen erfolgen; diese Stimmen müssen mindestens die Mehrheit der gesetzlichen Mitgliederzahl ausmachen.
27	Gegenzeichnung	Die für die Rechtswirksamkeit eines von einem Staatsoberhaupt ausgestellten Dokumentes notwendige zusätzliche Unterschrift des zuständigen Ministers oder Regierungschefs.
28	Ausfertigung	Die den Gesetzgebungsprozess abschließende urkundliche Festlegung von Gesetzen, die i.d.R. durch Unterschrift des Staatsoberhauptes erfolgt.

Verkündung	Förmliche Bekanntgabe von Gesetzen und Rechtsverordnungen in den dafür bestimmten Amtsblättern.	29
Bundesgesetzblatt	Öffentliches Verkündungsblatt der Bundesrepublik Deutschland	30

Im Folgenden wird das **Gesetzgebungsverfahren** nach dem Grundgesetz dargestellt. Sofern eine Landeskompetenz besteht, ergibt sich das Verfahren nach dem jeweiligen Landesverfassungsrecht.[1] 31

I. Einleitungsverfahren: Gesetzesinitiative (Art. 76 I GG) 32

Bundesregierung (vgl. Art. 76 II 1 GG), Bundesrat (vgl. Art. 76 III 1 GG), „aus der Mitte des Bundestages"; (P!) Bedeutung des § 76 I GO BT?

II. Hauptverfahren (Art. 77, 78 GG)

1. Beratung in drei Lesungen (Art. 42 I 1 GG, § 78 I 1 GO BT)
2. Beschluss durch Bundestag (Art. 77 I 1 GG)
   a) (Formelle und materielle) Beschlussfähigkeit
   b) regelmäßige einfache Abstimmungsmehrheit (Art. 42 II 1 GG); im Falle des verfassungsändernden Gesetzes: qualifizierte Mitgliedermehrheit (2/3)
3. Unverzügliche Weiterleitung an Bundesrat (Art. 77 I 2 GG)
4. Beteiligung des Bundesrates (Art. 77 II, III GG)
   a) Einspruchsgesetz: Keine Zustimmungsbedürftigkeit → Bundesrat darf keinen beachtlichen Einspruch einlegen (Art. 77 II, III GG). Beachte doppelt qualifizierte (Abstimmungs-) Mehrheit
   b) Zustimmungsgesetz: Zustimmungsbedürftigkeit
   → Bundesrat muss wirksame Zustimmung erteilen.

III. Abschlussverfahren (Art. 82 GG)

1. Gegenzeichnung und Ausfertigung durch Bundespräsidenten
2. Verkündung im Bundesgesetzblatt

[1] Vgl. bspw. Art. 71 ff. BayVerf, Art. 59 ff. BWLV, Art. 42, 45 NdsVerf, Art. 70 ff. SaVerf.

3. Verfassungsmäßigkeit des Gesetzes

33 **I. Bei verfassungsändernden Gesetzen: Maßstäbe des Art. 79 III GG**

Geschützt sind

1. die „Gliederung des Bundes in Länder" (d.h. die föderale Struktur der BRD, nicht: die Existenz einzelner Länder!),
2. die „grundsätzliche Mitwirkung der Länder bei der Gesetzgebung" und
3. „die in den Art. 1 und 20 niedergelegten Grundsätze".

II. Vereinbarkeit mit den Grundrechten

III. Demokratieprinzip, insb.

1. Prinzip der Volkssouveränität
2. Prinzip der repräsentativen Demokratie
3. Prinzip der Periodizität
4. Prinzip der politischen Pluralität
5. Mehrheitsprinzip und Minderheitenschutz

IV. Rechtsstaatsprinzip, insb.

1. Gewaltenteilungsgrundsatz (Art. 20 II 2 GG)
2. Grundsatz der Rechtsbindung der Staatsgewalt,

   insb. Stufenbau der Rechtsordnung, Gesetzmäßigkeit der Verwaltung,
3. Grundrechtsschutz,
4. Rechtssicherheit, insb. Vertrauensschutz, Bestimmtheitsgrundsatz
5. Verhältnismäßigkeitsgrundsatz
6. Justizgewährungsanspruch (Art. 19 IV GG)

II. Rechtsverordnung

Rechtsverordnungen	Rechtsverordnungen sind Rechtsnormen, die von Exekutivorganen (Regierung, Ministerien, Verwaltungsbehörden) erlassen werden (= Gesetze im *materiellen* Sinne im Gegensatz zu den *formellen* Parlamentsgesetzen).	34
Wesentlichkeitsgrundsatz (auch: Parlamentsvorbehalt)	Parlamentarischer Gesetzgeber ist verpflichtet, in grundlegenden normativen Bereichen – zumal im Bereich der Grundrechtsausübung, soweit diese staatlicher Regelung zugänglich ist – alle wesentlichen Entscheidungen selbst zu treffen.	35

I. Ordnungsgemäße Delegation gem. Art. 80 I 1, 2 GG 36

1. Formelle Verfassungsmäßigkeit des Ermächtigungsgesetzes (Gesetzgebungskompetenz und -verfahren)
2. Richtiger Ermächtigungsadressat nach Art. 80 I 1 GG: Bundesregierung, Bundesminister, Landesregierung
3. Bestimmtheitsanforderung nach Art. 80 I 2 GG
4. Materielle Verfassungsmäßigkeit des Ermächtigungsgesetzes, insb. Verbot der Delegation wesentlicher Entscheidungen (sog. Parlamentsvorbehalt)

II. Rechtmäßigkeit der Rechtsverordnung

1. Zuständigkeit
2. Verfahren (bspw. Zustimmung des Bundesrats nach Art. 80 II GG; Zustimmung des Bundestages aus Ermächtigungsnorm [nach hM zulässig als Minus zur vollen Delegation])
3. Form
   a) Angabe der Ermächtigungsnorm nach Art. 80 I 3 GG
   b) Ausfertigung und Verkündung gem. Art. 82 I 2 GG
4. Vereinbarkeit der Rechtsverordnung mit Ermächtigungsnorm
5. Vereinbarkeit mit höherrangigem Recht

Zur Satzung s. auch unter Rn. 384.

B. Bundestag

I. Bundestagsauflösung nach Art. 63 IV 3 GG

37	Mitgliedermehrheit (= absolute Mehrheit, Kanzlermehrheit)	Mehrheit der gesetzlichen Mitgliederzahl des Bundestages (Art. 121 GG). = 598 plus Überhangmandate nach § 1 I 1 iVm § 6 V BWG.

38

I. Voraussetzung: Drei erfolglose Wahlgänge,

d.h. keine Mitgliedermehrheit für die/den zur Wahl stehenden Kandidaten/Kandidatin.

II. Rechtsfolge

1. Ermessen des Bundespräsidenten
2. Frist des Art. 63 IV 3 GG: 7 Tage

II. Bundestagsauflösung nach Art. 68 I 1 GG

39	Vertrauensfrage	Anfrage des Bundeskanzlers an die Mitglieder des Parlaments, ob er noch deren Vertrauen genießt.

40

I. Formelle Voraussetzungen

1. Zuständigkeit des Bundespräsidenten (Art. 68 I 1 GG)
2. Verfahren
   a) (Formell ordnungsgemäß gestellte) Vertrauensfrage des Bundeskanzlers
   b) Wartefrist des Art. 68 II GG: 48h
   c) Zustimmungsquorum (Art. 68 I 1 GG, Art. 121 GG)
   d) Vorschlag des Bundeskanzlers (Art. 68 I 1 GG)
3. Form: nicht geregelt

II. Materielle Voraussetzungen: Erfordernis einer „materiellen Auflösungslage“

(**str.:** nach h.M. Erfordernis des ungeschriebenen Tatbestandsmerkmals, dass sich der Bundeskanzler der stetigen parlamentarischen Unterstützung der Mehrheit nicht sicher sein kann)

III. Rechtsfolge: Entscheidung des Bundespräsidenten

1. Frist des Art. 68 I 1 GG: 21 Tage
2. Kein Erlöschen des Auflösungsrechts nach Art. 68 I 2 GG
3. Gegenzeichnung (Art. 58 GG) der Auflösungsverfügung nach Art. 68 I 3 GG (hierzu *Thiele*, JA 2005, 871 ff.)
4. Ermessen

III. Anberaumung von Neuwahlen

I. Formelle Voraussetzungen **41**

1. Zuständigkeit des Bundespräsidenten (§ 16 S. 1 BWahlG)
2. Frist (Art. 39 I 4 GG): 60 Tage

II. Materielle Voraussetzungen: Ordnungsgemäße Bundestagsauflösung

IV. Ordnungsgemäße Einsetzung eines Untersuchungsausschusses

Untersuchungs ausschuss	Gremium, das vom deutschen Bundestag eingesetzt werden kann, in dem Mitglieder aller Parteien sind und das bestimmte politisch streitige Sachverhalte aufklären soll.	**42**

I. Formelle Verfassungsmäßigkeit **43**

1. Verfahrensfehlerfreie **Einsetzung** durch Bundestagsbeschluss (§ 1 II PUAG)

   Insb. Art. 44 I 1 Alt. 2 GG, § 1 I Alt. 2 PUAG: Minderheitenenquete. In letzterem Fall darf Einsetzungsbeschluss den im Einsetzungsantrag bezeichneten Untersuchungsgegenstand grds. nicht ändern (§ 2 II PUAG); Ausnahme nach BVerfGE 49, 70 (88): Ermittlung eines umfassenderen Bildes.

2. Hinreichende Bestimmtheit (könnte auch im Rahmen der materiellen Verfassungsmäßigkeit geprüft werden)

[Ggf.: 3. Abgrenzung nach Art. 45a III GG (vgl. Art. 45a II 1 GG iVm § 34 I 2 PUAG → Zuständigkeit des Verteidigungsausschusses)]

II. Materielle Verfassungsmäßigkeit: Verfassungsrechtliche Zulässigkeit des Untersuchungsgegenstandes

1. Zuständigkeitsbereich des Bundestags (Art. 44 GG, § 1 III PUAG)
2. Öffentliches Interesse am Untersuchungsgegenstand; nicht bei rein privaten Sachverhalten

A.A.: Seit Erlass des PUAG wird öffentliches Interesse bei Antragstellung durch ¼ der Bundestagsmitglieder unwiderleglich vermutet; *Schneider*, NJW 2001, 2604 (2605): eigenständige Prüfung entfällt.

C. Abgeordnete

44	Abgeordneter	Wahlberechtigter im Deutschen Bundestag.
45	Immunität	Gesetzlich garantierter Schutz vor Strafverfolgung, der für Abgeordnete und Diplomaten generell gilt, aber in besonderen Fällen aufgehoben werden kann.
46	Indemnität	Schutz des Abgeordneten in Wahrnehmung seines Mandats vor strafrechtlicher Verfolgung.

I. Immunität des Abgeordneten

47 **I. Voraussetzungen**

1. Persönlicher Anwendungsbereich: Abgeordneter des Bundestages (Art. 46 II Hs. 1 GG)
2. Zeitlicher Anwendungsbereich: von Aufnahme des Mandats bis zum Ablauf der Wahlperiode (zum Ruhen der Verjährung vgl. § 78b StGB).
3. Ausnahme: Festnahme bei Begehung der Tat oder im Laufe des folgenden Tages (Art. 46 II Hs. 2 GG)

II. Rechtsfolge: Verfahrensrechtlicher Schutz

Abgeordneter darf für Tat **ohne Genehmigung** des Bundestages nicht „zur Verantwortung gezogen“ werden. D.h. verfahrensrechtlicher Schutz; kein genereller Verfolgungsschutz.

II. Indemnität des Abgeordneten

I. Voraussetzungen **48**

1. Bundestagsabgeordnete (Art. 46 I 1 GG; vgl. [P!])
2. Sachlicher Anwendungsbereich: Abstimmungen und Äußerungen (Ausnahme: verleumderische Beleidigungen nach Art. 46 I 2 GG)
3. Institutioneller Anwendungsbereich: Bundestag und seine Ausschüsse
4. Zeitlicher Anwendungsbereich: Dauer der Bundestagsmitgliedschaft

II. Rechtsfolge: Verfolgungsschutz

D. Bundesregierung

Wahl des Bundeskanzlers

Mitgliedermehrheit	Mehrheit der gesetzlichen Mitgliederzahl des Bundestages (Art. 121 GG) (= absolute Mehrheit, Kanzlermehrheit. Erforderlich für Wahl des Bundeskanzlers, konstruktives Misstrauensvotum).	**49**
Abstimmungsmehrheit	Abstimmungsmehrheit nimmt als Bezugspunkt die Gesamtzahl der abgegebenen Stimmen, d. h. Stimmenthaltungen zählen nicht (= relative Mehrheit).	**50**

I. Voraussetzungen **51**

1. Vorschlag des Bundespräsidenten gem. Art. 63 I GG
2. Wahl durch den Bundestag
   a) im ersten Wahlgang: mit Mitgliedermehrheit (Art. 63 II GG)
   b) nach erfolglosem ersten Wahlgang im zweiten Wahlgang: mit Mitgliedermehrheit (Art. 63 III GG)
   c) nach erfolglosem zweiten Wahlgang: mit Abstimmungsmehrheit (Art. 63 IV GG)

II. Rechtsfolge

Wahl eines Bundeskanzlers in den Fällen von 2a, b); im Falle von 2c) liegt die Ernennung im Ermessen des Bundespräsidenten

E. Parteien

I. Parteiverbotsverfahren

52 **I. Zulässigkeit**

1. Zuständigkeit des BVerfG (Art. 21 II 2 GG, § 13 Nr. 2 BVerfGG)
2. Antragsberechtigung: Bundestag, Bundesrat, Bundesregierung (§ 43 I BVerfGG), ggf. Landesregierung (§ 43 II BVerfGG)
3. Antragsgegenstand: (Konstitutive) Feststellung der Verfassungswidrigkeit einer politischen Partei
4. Antragsgegner: Politische Parteien (vgl. § 3 PartG; § 44 BVerfGG iVm § 11 PartG)
5. Form (§ 23 I BVerfGG)
6. Vorverfahren nach § 45 BVerfGG

II. Begründetheit

Der Antrag ist begründet, wenn der Antragsgegner nach Art. 21 II 1 GG darauf ausgeht,

1. die freiheitliche demokratische Grundordnung zu beeinträchtigen oder zu beseitigen (Alt. 1) oder
2. den Bestand der Bundesrepublik Deutschland gefährdet (Alt. 2).

III. Entscheidung

Nach § 46 I BVerfGG ggf. Feststellung, dass die Partei verfassungswidrig ist (vgl. hierzu § 15 IV 1 BVerfGG (**!**): Erfordernis einer 2/3-Mehrheit des Senats). Zugleich nach § 46 III 1 BVerfGG: Auflösung der Partei und Verbot, eine Ersatzorganisation zu gründen; evtl. auch Einziehung des Parteivermögens (§ 46 III 2 BVerfGG); ggf. Mandatsverlust (§ 46 I Nr. 5, IV BWahlG)

Politische Partei	Vereinigungen von Bürgern, die dauernd oder für längere Zeit für den Bereich des Bundes oder eines Landes auf die politische Willensbildung Einfluß nehmen und an der Vertretung des Volkes im Deutschen Bundestag oder einem Landtag mitwirken wollen, wenn sie nach dem Gesamtbild der tatsächlichen Verhältnisse, insb. nach Umfang und Festigkeit ihrer Organisation, nach der Zahl ihrer Mitglieder und nach ihrem Hervortreten in der Öffentlichkeit eine ausreichende Gewähr für die Ernsthaftigkeit dieser Zielsetzung bieten (§ 2 I 1 PartG).	**53**
Verfassungswidrige Parteien	Parteien, die die Beeinträchtigung oder Beseitigung der freiheitlich demokratischen Grundordnung oder des Bestandes der Bundesrepublik zum Ziel haben (vgl. Art. 21 II GG).	**54**
„darauf ausgehen"	Zielgerichtetes, planvolles Vorgehen i.S.e. aktiv kämpferischen, aggressiven Haltung.	**55**
Freiheitlich demokratische Grundordnung	Kernsubstanz der Verfassung, mithin eine Ordnung, die unter Ausschluss jeglicher Gewalt- und Willkürherrschaft eine rechtsstaatliche Herrschaftsordnung auf der Grundlage der Selbstbestimmung des Volkes nach dem Willen der jeweiligen Mehrheit und der Freiheit und der Gleichheit darstellt (BVerfGE 2, 1 [12 f.]).	**56**
Beeinträchtigen	Eliminierung „nur" einzelner Elemente der freiheitlichen demokratischen Ordnung.	**57**
Beseitigen	Vollständige Abschaffung der existenten staatlichen Ordnung „auf einen Schlag".	**58**
Gefährdung des Bestandes der Bundesrepublik Deutschland	Jede Infragestellung der Integrität des in der Präambel des Grundgesetzes mit der Aufzählung der Bundesländer umschriebenen Territoriums, zB durch separatistische Bestrebungen.	**59**

II. Gleichbehandlungsgebot (Art. 21 I GG iVm Art. 3 I GG)

60 **I. Verstoß gegen Gleichbehandlungsgrundsatz**

1. Pflicht zur Gleichbehandlung
2. Ungleichbehandlung

II. Verfassungsrechtliche Rechtfertigung

III. § 5 PartG

61	Öffentliche Leistungen	Jedwede wettbewerbserheblichen Vorteile, die durch einen Träger der öffentlichen Gewalt gewährt werden.

62 **I. Voraussetzungen**

1. Öffentliche Leistungen
2. Anspruchsverpflichtete sind nur die Träger der öffentlichen Gewalt, d.h. Bund, Länder, Gemeinden, Körperschaften des öffentlichen Rechts, nicht jedoch Private
3. Anspruchsberechtigte: Parteien; bei wahlbezogenen Leistungen: nur für Parteien, die Wahlvorschläge eingereicht haben (§ 5 II PartG)
4. Ggf. Bindung an sachliche Voraussetzungen (§ 5 III PartG)

II. Rechtsfolge

Anspruch auf funktionale Gleichbehandlung (§ 5 I 2, 3 PartG)

F. Wahlrecht

I. Wahlrechtsgrundsätze (Art. 38 I GG)

63	Allgemeinheit der Wahl	Wahlrecht steht grds. allen Bürgern (deutscher Staatsangehörigkeit i.S.v. Art. 116 GG) zu.
64	Freiheit der Wahl	Keine Beeinflussung, kein (un-)mittelbarer Zwang.
65	Geheimheit der Wahl	Unzulässigkeit der Offenbarungspflicht der Stimmabgabe; Erforderlichkeit von Schutzvorkehrungen.

Gleichheit der Wahl	Recht auf gleiche Berücksichtigung/Gewichtung der einzelnen Stimmen bestehend aus *Zählwertgleichheit*: Alle haben die gleiche Zahl von Stimmen; *Erfolgswertgleichheit*: Alle Stimmen sind in gleicher Weise bei der Ermittlung des Wahlergebnisses zu berücksichtigen/zu gewichten; *Chancengleichheit der Bewerber*: Keine Differenzierung zwischen parteiangehörigen und parteilosen Kandidaten.	**66**
Öffentlichkeit der Wahl	Öffentliche Kontrolle der Wahlvorschlagsverfahren sowie der Auszählung der Stimmen und der Feststellung des Wahlergebnisses.	**67**
Unmittelbarkeit der Wahl	Ohne dazwischengeschaltete Instanzen.	**68**

I. Eröffnung des Schutzbereichs **69**

1. Persönlich: Jeder
2. Sachlich: Freiheit, Gleichheit, Geheimheit, Allgemeinheit, Öffentlichkeit, Unmittelbarkeit der Wahl

II. Eingriff: Jede Beschränkung der Wahlrechtsgrundsätze

III. Verfassungsrechtliche Rechtfertigung

Beachte: Der Grundsatz der „Gleichheit der Wahl" ist eine streng formalisierte Ausprägung des allgemeinen Gleichheitssatzes. Verfassungsrechtliche Rechtfertigung nur, wenn zwingender Grund (ein sachlicher Grund reicht nicht).

II. Wahlprüfungsbeschwerde

I. Zulässigkeit **70**

1. Zuständigkeit des BVerfG, Art. 93 I Nr. 5, Art. 41 II GG, §§ 13 Nr. 3, 48 BVerfGG
2. Beschwerdeberechtigung: § 48 I BVerfGG [Kein Erfordernis einer Beschwerdebefugnis!]
3. Statthaftigkeit der Beschwerde: Zurückweisender Bundestagsbeschluss

4. Beschwerdegegenstand: Gültigkeit der Wahl – in dem Umfang, in dem der Bundestag über den Wahleinspruch entschieden hat
5. Form (§ 23 I 1, 2 Hs. 1 BVerfGG, § 48 I Hs. 2 BVerfGG)
6. Frist (§ 48 I Hs. 1 BVerfGG): 2 Monate seit Beschlussfassung des Bundestages
7. Rechtsschutzbedürfnis

   kein Ablauf der Legislaturperiode; Ausnahme bei klärungsbedürftigen Grundsatzfragen (BVerfG 2 BvC 6/04)

II. Begründetheit

Der Antrag ist begründet, wenn die Behandlung des Einspruchs durch den Bundestag formell fehlerhaft erfolgt ist oder die Wahl materiell gegen verfassungsrechtliche Wahlgrundsätze oder gegen einfaches Wahlrecht verstößt und sich dies auf die Mandatsverteilung ausgewirkt haben kann.

Das BVerfG prüft hierbei auch, ob das maßgebliche Wahlgesetz materiell mit dem Grundgesetz vereinbar ist.

1. Formell ordnungsgemäßes Wahlprüfungsverfahren

   Insb. Zuständigkeit des Bundestages nach § 1 WahlPrG iVm Art. 41 II GG, Vorbereitung der Entscheidung durch Wahlprüfungsausschuss nach § 3 WahlPrG, ordnungsgemäßer Beschluss des Bundestages mit einfacher Mehrheit nach § 13 I WahlPrG.

   Mängel nur beachtlich, wenn sie wesentlich sind und der Entscheidung des Bundestages die Grundlage entziehen (BVerfGE 89, 243 [249]).

2. Vorliegen eines Wahlfehlers
   a) Wahlrecht verfassungswidrig (Verstoß gegen Art. 38 I 1 GG)
   b) Wahlrecht fehlerhaft angewendet (insb. Verstoß gegen BWG, BWO, ParteiG)

III. Rechtsfolge: Verstöße führen nur zur Ungültigkeit der Wahl bei

1. Mandatsrelevanz (Erheblichkeit) und
2. nach Abwägung mit Bestandsschutz des Parlaments (Demokratieprinzip)

III. Volksbeteiligung

Volksbefragung	Eine durch den Staat vorgenommene Erhebung der Meinung des Volkes zu einer genau formulierten Frage, die in einem förmlichen Verfahren durchgeführt wird.	**71**
Volksbegehren	Die vom Volk ausgehende Initiative zur Erreichung eines Volksentscheides.	**72**
Volksentscheid	Bindende Entscheidung des Volkes über eine ihm vorgelegte Frage oder einen Gesetzentwurf.	**73**

G. Föderalismus

Weisung	Einzelfallbezogene Einschränkung des Handlungsspielraums einer hierarchisch untergeordneten organisatorischen Einheit durch eine übergeordnete Instanz.	**74**
Bundestreue	Verpflichtung zur Zusammenarbeit, Abstimmung, Koordination, gegenseitiger Information und Rücksichtnahme, die insb. bei Ausübung an sich gegebener Kompetenzen zu beachten ist.	**75**
Sachkompetenz	Kompetenz zur Beurteilung der Rechtmäßigkeit und Zweckmäßigkeit des Handelns.	**76**
Wahrnehmungskompetenz	Berechtigung zum Handeln nach außen sowie die Verantwortung gegenüber dem Bürger („Auftreten gegenüber dem Bürger").	**77**

Weisungsrecht nach Art. 85 III GG

I. Vorprüfung: Anwendbarkeit des Art. 85 GG (d.h. Fall der Bundesauftragsverwaltung?) **78**

II. Formelle Rechtmäßigkeit

1. Verbandskompetenz des Bundes gem. Art. 85 III 1 GG
2. Organkompetenz: Gem. Art. 85 III 1 GG zuständige oberste Bundesbehörde.

3. Richtiger Weisungsempfänger: Gem. Art. 85 III 2 GG zuständige oberste Landesbehörde (außer im Falle der Eilbedürftigkeit).
4. Umfang der Weisung: Nur Einzelweisung
5. Bestimmtheit der Weisung
6. Anhörung (ungeschrieben, Herleitung: Bundestreue)
   a) Ankündigung der Weisung
   b) Gelegenheit zu vorheriger Stellungnahme

III. Materielle Rechtmäßigkeit

[Ggf.: 0. Überleitung der Sachkompetenz auf Bund, Folge: das Land kann nicht geltend machen, die Befolgung der Weisung führe zu einem Verstoß gegen das auszuführende Gesetz]

1. Umfang der Weisungskompetenz (nur Befugnis zur Übernahme der Sachkompetenz; Wahrnehmungskompetenz bleibt beim Land)
2. Grenzen der Weisungskompetenz: Weisungsbefugnis des Bundes darf nicht weitergehen als seine Gesetzgebungskompetenz in der Sache

H. Unionsrechtliche Bezüge

79 **I. Formelle Voraussetzungen**

1. Erlass eines Bundesgesetzes mit Zustimmung des Bundesrates
2. im Fall des Art. 23 I 3 GG: Zustimmungsquoren nach Art. 79 II GG

II. Materielle Voraussetzungen

1. Wahrung der Strukturvorgaben des Art. 23 I 1 GG
2. im Fall des Art. 23 I 3 GG: Einhaltung der Schranken des Art. 79 III GG

I. Völkerrechtliche Bezüge

I. Verbandskompetenz (Art. 32 GG; sog. vertikale Gewaltenteilung) 80

1. Grundsatz: Bund (Art. 32 I GG)

   Art. 30 GG findet im Bereich der Außenkompetenzen keine Anwendung, sondern betrifft ausschließlich die Hoheitsausübung nach innen.

2. Ausnahme: Länder (Art. 32 III GG); hierdurch wird jedoch Bundeskompetenz nicht aufgehoben (vgl. unten).

II. Organkompetenz (Art. 59 GG, sog. horizontale Gewaltenteilung)

Nach Art. 59 I GG: umfassende Repräsentationsbefugnis des Bundespräsidenten; zugleich völkergewohnheitsrechtliche Übertragung auf Bundesregierung

III. Innerstaatliche Willensbildung (Art. 59 II 1 GG)

1. Bundestag als Träger auswärtiger Gewalt (Art. 59 II 1 Alt. 1 GG): Erlass des Zustimmungsgesetzes

2. Beteiligung des Bundesrates (Art. 59 II 1 Alt. 2, 2 GG)

Zweiter Abschnitt: Grundrechte

A. Freiheitsgrundrechte

I. Universelles Falllösungsschema

Schutzbereich	In sachlicher und persönlicher Hinsicht konkretisiertes Schutzgut eines Grundrechts.	**81**
Deutscher	i.S. des Grundgesetzes ist vorbehaltlich anderweitiger gesetzlicher Regelung, wer die deutsche Staatsangehörigkeit besitzt oder als Flüchtling oder Vertriebener deutscher Volkszugehörigkeit oder als dessen Ehegatte oder Abkömmling in dem Gebiete des Deutschen Reiches nach dem Stande vom 31. Dezember 1937 Aufnahme gefunden hat (Art. 116 I GG).	**82**
Eingriff	Jedes staatliche Handeln, das dem Einzelnen ein Verhalten, das in den Schutzbereich eines Grundrechts fällt, ganz oder teilweise unmöglich macht (sog. moderner Eingriffsbegriff).	**83**
Echte (retroaktive) Rückwirkung	Gesetzgeber greift nachträglich in Tatbestände ein, die in der Vergangenheit begonnen und abgeschlossen wurden. Grds. unzulässig; Ausnahme nur, wenn mit der getroffenen Regelung zu rechnen war, bisherige Rechtslage „unklar und verworren" war, „zwingende Gründe des öffentlichen Wohls" dies rechtfertigen.	**84**
Unechte (retrospektive) Rückwirkung	Gesetz betrifft ein Geschehen, das in der Vergangenheit ins Werk gesetzt, jedoch noch nicht abgeschlossen wurde. Grds. zulässig; unzulässig, wenn das schutzwürdige Vertrauen des Bürgers die Interessen der Allgemeinheit überwiegt.	**85**
Wesensgehaltsgarantie	Die Wesensgehaltsgarantie ist die durch Art. 19 II GG verbürgte Garantie, der zufolge Grundrechte in ihrem *Wesensgehalt* nicht angetastet werden dürfen.	**86**

		Der *Wesensgehalt* ist der unverletzbare Kern eines jeden Grundrechts.
87	Verhältnismäßigkeit (auch sog. Übermaßverbot)	Verlangt von jeder Maßnahme, die in Grundrechte eingreift, dass sie einen legitimen öffentlichen Zweck verfolgt und überdies geeignet, erforderlich und angemessen ist.
88	Legitimer Zweck	Jeder mit der Rechts- und Verfassungsordnung vereinbare Zweck.
89	Geeignetheit	Das Mittel ist dann geeignet, wenn der damit verfolgt Zweck überhaupt erreicht (oder gefördert) werden kann.
90	Erforderlichkeit	Das gewählte Mittel ist dann erforderlich, wenn es kein gleich geeignetes milderes Mittel gibt.
91	Angemessenheit	Die Maßnahme ist angemessen, wenn der beabsichtigte Zweck nicht außer Verhältnis zu der Schwere des Eingriffs steht. Dies erfolgt in zwei Schritten: *Erstens* ist der jeweilige Rang (bzw. die Gewichtigkeit) der Rechtsgüter zu bestimmen und *zweitens* ist die Intensität der Gefährdung des zu schützenden Rechtsgutes gegen der Schwere der Beeinträchtigung des Rechtsgutes, in welches eingegriffen werden soll, abzuwägen.

92 **A. Vorprüfung: Anwendungsbereich (Abgrenzung zu europäischen Grundrechten)**

B. Eröffnung des Schutzbereichs

I. Persönlicher Schutzbereich: grds. jede natürliche Person; ggf. nur Deutsche; juristische Personen nach Art. 19 III GG

II. Sachlicher Schutzbereich: richtet sich nach Grundrecht

C. Eingriff

D. Verfassungsrechtliche Rechtfertigung

I. Einschränkbarkeit des Grundrechts, d.h. Schrankenvorbehalt oder kollidierendes Verfassungsrecht

II. Verfassungsgemäße Konkretisierung durch Gesetz (= Schranke)
   1. Verfassungsmäßigkeit bzw. Rechtmäßigkeit des Gesetzes, insb. keine echte Rückwirkung (Abgrenzung zur unechten Rückwirkung)
   2. (bei Schrankenvorbehalt) Vereinbarkeit des Gesetzes mit Vorgaben des Grundrechts
   3. Spezielle Schranken-Schranken
   4. Allgemeinheitsgrundsatz (Art. 19 I 1 GG)
   5. Zitiergebot (Art. 19 I 2 GG)
   6. Wesensgehaltsgarantie (Art. 19 II GG)
   7. Verhältnismäßigkeit des Gesetzes
      a) Legitimer Zweck
      b) Geeignetheit
      c) Erforderlichkeit
      d) Angemessenheit

III. bei Einzelfalleingriff
   1. Vereinbarkeit der Maßnahme mit gesetzlichen Vorgaben
   2. Verhältnismäßigkeit der Einzelmaßnahme
      a) Legitimer Zweck
      b) Geeignetheit
      c) Erforderlichkeit
      d) Angemessenheit

II. Menschenwürde (Art. 1 I GG)

Menschenwürde	Jener Wert- und Achtungsanspruch, der dem Menschen kraft seines Menschseins zukommt, unabhängig von seinen Eigenschaften, seinem körperlichen oder geistigen Zustand, seinen Leistungen oder seinem sozialen Status.	93

94	Nach der Objektformel	wird die Menschenwürde verletzt, „wenn der konkrete Mensch zum Objekt, zu einem bloßen Mittel, zur vertretbaren Größe herabgewürdigt wird" (*Dürig*).

95 **A. Eröffnung des Schutzbereichs**

I. Persönlich: Jedermann (d.h. jede natürliche Person)

II. Sachlich: Menschenwürde

B. Verletzung der Menschenwürde entsprechend der Objektformel
Art. 1 I GG genießt einen absoluten Geltungsanspruch, sodass ein Eingriff nicht zu rechtfertigen ist.

III. Allgemeine Handlungsfreiheit (Art. 2 I GG)

96	Allgemeine Handlungsfreiheit	Recht des Einzelnen, tun und lassen zu können, was er möchte.
97	Verfassungsmäßige Ordnung	Gesamtheit aller formell und materiell rechtmäßigen Rechtsnormen (h.M, vgl. BVerfG im Elfes-Urteil).
98	Rechte Dritter	sind bereits Bestandteil der allgemeinen Rechtsordnung.
99	Sittengesetz	Allgemein anerkannte Wertvorstellungen, die allerdings ebenfalls gesetzlich niedergelegt sein müssen.

100 **A. Eröffnung des Schutzbereichs**

I. Persönlich: Jedermann

II. Sachlich: Jegliches menschliches Verhalten (Rspr. u. h.M., insbesondere BVerfGE 6, 32 (36) – Elfes; a.A. Schutz der grundlegenden Elemente der Persönlichkeit [sog. Persönlichkeitskerntheorie])

B. Eingriff

C. Verfassungsrechtliche Rechtfertigung

I. Einschränkbarkeit des Grundrechts durch Rechte anderer, die verfassungsmäßige Ordnung oder das Sittengesetz

Praktische Bedeutung kommt nur der verfassungsmäßigen Ordnung zu, da die Rechte anderer und das Sittengesetz positiviert und somit bereits Bestandteil der verfassungsmäßigen Ordnung sind (*Lang*, BeckOK VerfR, Art. 2 GG Rn. 24).

II. Verfassungsmäßige Schranke

III. bei Einzelfalleingriff

1. Vereinbarkeit der Maßnahme mit gesetzlichen Vorgaben

2. Verhältnismäßigkeit der Einzelmaßnahme

IV. Recht auf Leben und körperliche Unversehrtheit (Art. 2 II 1 Alt. 1, Alt. 2 GG)

Leben	Biologisch-physische Existenz – beginnend mit dem Zeitpunkt der Nidation und abschließend mit dem Ende der Gehirnfunktion.	**101**
Körperliche Unversehrtheit	Menschliche Gesundheit im biologisch-physiologischen Sinn, Gesundheit im psychischen Sinn (allerdings nur insoweit, als Beeinträchtigungen eine mit körperlichen Schmerzen vergleichbare Wirkung haben).	**102**

A. Eröffnung des Schutzbereichs **103**

I. Persönlich: Jedermann

II. Sachlich: *Leben* und *körperliche Unversehrtheit*

B. Eingriff: Jedes Verhalten, das den Tod oder eine Körperverletzung bewirkt.

C. Verfassungsrechtliche Rechtfertigung

I. Einschränkbarkeit des Grundrechts durch förmliches Parlamentsgesetz (Art. 2 II 3 GG)

II. Verfassungsmäßige Schranke

III. bei Einzeleingriff: s.o.

V. Körperliche Bewegungsfreiheit (Art. 2 II 2, 104 GG)

Freiheit	Körperliche Fortbewegungsfreiheit, jeden (öffentlich zugänglichen) Ort oder jeden Raum aufzusuchen oder zu verlassen.	**104**

105	Freiheitsbeschränkung	Jeder Eingriff in die Freiheit der Person.
106	Freiheitsentziehung	Festhalten an einem bestimmten Ort.
107	*Ne bis in idem*	Verbot der Doppelbestrafung.
108	*Nulla poena sine lege*	Keine Strafe ohne Gesetz.

109 **A. Eröffnung des Schutzbereichs**

I. Persönlich: Jedermann

II. Sachlich: (Fortbewegungs-)Freiheit

B. Eingriff: Freiheitsbeschränkung oder Freiheitsentziehung

C. Verfassungsrechtliche Rechtfertigung

I. Einschränkbarkeit des Grundrechts

1. im Falle der Freiheitsbeschränkung aufgrund eines förmlichen Gesetzes (Art. 104 I GG)
2. im Falle der Freiheitsentziehung wirkt zudem der Richtervorbehalt des Art. 104 II GG

II. Verfassungsmäßige Schranke s.o.

III. bei Einzelfalleingriff: s.o.

VI. Glaubens-, Gewissens- und Weltanschauungsfreiheit (Art. 4 I GG)

110	Glaube	Vorstellung des Menschen von seiner Rolle in der Welt und seiner Beziehung zu höheren Mächten und tieferen Seinsschichten.
111	Weltanschauung	Sinndeutung von Mensch und Welt ohne transzedentale Elemente.
112	Gewissen	Eine an den Kategorien „Gut“ und „Böse“ orientierte, sittliche Entscheidung, die der Einzelne innerlich für sich trifft, und die für ihn ein solch bindendes Gewicht hat, dass er nicht ohne ernstliche Not gegen sie handeln kann.
113	Kriegsdienst mit der Waffe	Dienst, bei dem der Einzelne entweder selbst Waffen anwendet oder Waffenanwendung anderer unmittelbar unterstützen muss (im Krieg oder im Frieden).

A. Eröffnung des Schutzbereichs 114

I. Persönlich: Jedermann, auch Kollektivgrundrecht (Religionsvereinigungen)

II. Sachlich:

1. Freiheit, einen Glauben oder eine Weltanschauung zu bilden und zu haben (*forum internum*) sowie seine religiöse bzw. weltanschauliche Überzeugung kundzutun, zu praktizieren und ihnen entsprechend zu handeln (*forum externum*) (Alt. 1)
2. Freiheit des Einzelnen, dem persönlichen Bewusstsein vom sittlich Guten und Bösen gemäß zu handeln (Alt. 2)

B. Eingriff

C. Verfassungsrechtliche Rechtfertigung

I. Einschränkbarkeit des Grundrechts nur durch kollidierendes Verfassungsrecht; im Hinblick auf Glaubensfreiheit umstritten (nur kollidierendes Verfassungsrecht, so BVerfG; a.A. Schrankenübertragung aus WRV, BVerwG)

II./III. s.o.

VII. Meinungs- und Informationsfreiheit sowie Presse-, Rundfunk- und Filmfreiheit (Art. 5 I 1 und 2 GG)

Meinung	→ Werturteile und meinungsbezogene Tatsachenbehauptungen *Werturteile* sind Aussagen, die durch Elemente der Stellungnahme, des Dafürhaltens oder des Meinens geprägt sind. *Tatsachen* sind auf Wahrheitsgehalt überprüfbare Aussagen.	**115**
Schmähkritik	Äußerung, durch welche eine Person verächtlich gemacht werden soll und bei der es nicht mehr um eine Auseinandersetzung in der Sache, sondern um die Herabsetzung der Person geht.	**116**
Quelle	jeder denkbare Träger von Informationen.	**117**
Allgemein zugänglich	Informationsquelle, wenn sie technisch geeignet und bestimmt ist, der Allgemeinheit, also einem individuell nicht bestimmbaren	**118**

		Personenkreis, Informationen zu verschaffen. (Zweckbestimmung durch den Urheber als „allgemein zugänglich"!).
119	Sich unterrichten	Jede Form der Kenntnisnahme einschließlich der Anwendung der erforderlichen Hilfsmittel.
120	Presse	Jegliche zur Verbreitung von Informationen geeigneten und bestimmten Druckerzeugnisse unabhängig von Qualität und Inhalt (periodisch oder einmalig).
121	Rundfunk	Jede Veranstaltung und Verbreitungen von Darbietungen aller Art für einen unbestimmten Personenkreis mit Hilfe elektrischer Schwingungen.
122	Film	Jede Übermittlung von Gedankeninhalten durch Bilderreihen, die zur Projektierung bestimmt sind.
123	Allgemeine Gesetze	Gesetze, die sich nicht gegen die Meinungsfreiheit oder die Freiheit von Presse und Rundfunk an sich oder gegen die Äußerung einer bestimmten Meinung richten, sondern vielmehr dem Schutz eines schlechthin, ohne Rücksicht auf eine bestimmte Meinung, zu schützenden Rechtsguts dienen (so die Kombinationstheorie des BVerfG).
124	Recht der persönlichen Ehre	Die persönliche Ehre ist durch eine äußere und eine innere Komponente geprägt. Die *äußere Komponente* kann als Zuschreibung sozialer Anerkennung erfasst werden; die *innere Komponente der Ehre* betrifft den Achtungsanspruch, der dem Einzelnen alleine aufgrund seines Menschseins geschuldet ist. s. auch: § 185 StGB (Beleidigung).
125	(Vor-)Zensur	Einschränkende Maßnahmen vor der Herstellung oder Verbreitung eines Geisteswerkes, insb. das Abhängigmachen von behördlicher Vorprüfung und Genehmigung seines Inhalts.
126	Wechselwirkungslehre	Allgemeine Gesetze werden in ihrer das Grundrecht begrenzenden Wirkung selbst wieder eingeschränkt (BVerfGE 7, 198 [208 f.]).

A. Eröffnung des Schutzbereichs 127

I. Persönlich: Jedermann

II. Sachlich:

1. Meinungsfreiheit: Äußern und Verbreiten von Meinungen in Wort, Schrift und Bild (Abs. 1 S. 1 Alt. 1) (Grenze: Schmähkritik, Formalbeleidigungen, erwiesene oder bewusst unwahre Tatsachenbehauptung)
2. Informationsfreiheit: Unterrichtung über freie Information aus allgemein zugänglichen Quellen (Abs. 1 S. 1 Alt. 2)
3. Pressefreiheit: Gründung und Gestaltung von Presseerzeugnissen (Abs. 1 S. 2 Var. 1)
4. Rundfunkfreiheit: alle wesensmäßig mit der Veranstaltung von Rundfunk zusammenhängenden Tätigkeiten, von der medienspezifischen Beschaffung der Informationen und der Produktion bis hin zu ihrer Verbreitung (Abs. 1 S. 2 Var. 2)
5. Filmfreiheit: Herstellung und Verbreitung des Films (Abs. 1 S. 2 Var. 3)

B. Eingriff

C. Verfassungsrechtliche Rechtfertigung

I. Einschränkbarkeit des Grundrechts durch

1. allgemeine Gesetze
2. Bestimmungen zum Schutz der Jugend
3. Recht der persönlichen Ehre

II. Verfassungsmäßige Schranke

Über das oben Gesagte hinaus wird das (Vor-)Zensurverbot nach Art. 5 I 3 GG als spezielle Schranken-Schranke angesehen. Beachte bei der Auslegung der Schranke zudem die Wechselwirkungslehre.

III. bei Einzelfalleingriff s.o.

VIII. Kunst- und Wissenschaftsfreiheit (Art. 5 III GG)

Kunst	*Formaler Kunstbegriff* ist erfüllt, wenn bei formaler Betrachtung Gattungsanforderungen eines bestimmten Werktyps erfüllt sind.	128

		Materieller Kunstbegriff: Kunst ist Ausdruck freier persönlicher schöpferischer Gestaltung. *Offener Kunstbegriff:* Kunst liegt vor, wenn ein Werk interpretationsfähig ist, d.h. sich einer Eindeutigkeit entzieht. Nach BVerfG werden diese Kunstbegriffe häufig nebeneinander angewendet.
129	Werkbereich	Künstlerische Betätigung.
130	Wirkbereich	Deren Darbietung und Verbreitung.
131	Wissenschaft	„Tätigkeit, die nach Inhalt und Form als ernsthafter und planmäßiger Versuch zur Ermittlung der Wahrheit anzusehen ist“ (BVerfGE 35, 79 [113]).
132	Forschung	Geistige Tätigkeiten „mit dem Ziele, in methodischer, systematischer und nachprüfbarer Weise neue Erkenntnisse zu gewinnen“ (BVerfGE 35, 79).
133	Lehre	Systematisch angelegte Verbreitung wissenschaftlicher Erkenntnisse.
134	Freiheit der Lehre	Meint insb. deren Inhalt, den methodischen Ansatz und das Recht auf Äußerung von wissenschaftlichen Lehrmeinungen.

135 **A. Eröffnung des Schutzbereichs**

I. Persönlich: Jedermann

II. Sachlich:

1. Kunst (und zwar sowohl der Werkbereich als auch der Wirkbereich)
2. Wissenschaft: Freiheit von Forschung und Lehre in individueller und institutioneller Hinsicht

B. Eingriff s.o.

C. Verfassungsrechtliche Rechtfertigung

I. Einschränkbarkeit des Grundrechts nur über kollidierendes Verfassungsrecht (!)

Der Schrankenvorbehalt des Art. 5 II GG bezieht sich ausschließlich auf Art. 5 I GG; seine Anwendbarkeit auf Art. 5 III GG scheidet aus systematischen Gründen aus.

II./III. Wie oben.

IX. Schutz von Ehe und Familie (Art. 6 I GG)

Ehe	Durch freien Entschluss unter staatlicher Mitwirkung begründete, auf Dauer angelegte, gleich berechtigte Lebensgemeinschaft von Mann und Frau, über deren Ausgestaltung beide frei bestimmen können.	136
Familie	Umfassende Gemeinschaft von Eltern und Kindern.	137

A. Eröffnung des Schutzbereichs 138

I. Persönlich: Jeder

II. Sachlich:

1. Ehe
2. Familie

B. Eingriff

nur eingreifende Regelungen (= Normen anderer Rechtsgebiete, wenn sie auf Ehe und Familie freiheitsbeschränkend einwirken), nicht definierende Regelungen (= Normen des Ehe- und Familienrechts)

C. Verfassungsrechtliche Rechtfertigung

I. Einschränkbarkeit des Grundrechts nach Maßstäben des Art. 6 II GG (staatliches Wächteramt), im Übrigen nur kollidierendes Verfassungsrecht

II./III. Wie oben

X. Elternrecht (Art. 6 I, III GG)

Pflege	Sorge für das körperliche Wohl.	139
Erziehung	Sorge für die seelische und geistige Entwicklung, Bildung und Ausbildung.	140
Versagen der Erziehungsberechtigten	*Objektiv nachhaltige*, insbesondere *dauerhafte Nichterfüllung* der Erziehungspflichten.	141
Drohende Verwahrlosung	Kindliche Entwicklung bleibt in körperlicher, geistiger oder seelischer Hinsicht derart gravierend hinter einer altersgemäßen Entwicklung zurück, dass eine Trennung von der Familie erforderlich ist, um weitere Beeinträchtigungen des Kindeswohls abzuwenden.	142

143 **A. Eröffnung des Schutzbereichs**

I. Persönlich: Jeder Elternteil

II. Sachlich: Freie Entscheidung über Pflege und Erziehung

B. Eingriff

Beschränkungen des Elternrechts im Verhältnis zum Kind und des Rechts der Eltern untereinander zum Kind

C. Verfassungsrechtliche Rechtfertigung

I. Einschränkbarkeit des Grundrechts nach

1. Art. 6 II 2 GG (Staatliches Wächteramt): nur zum Wohle des Kindes
2. Art. 6 III GG: nur bei Versagen der Eltern (als Erziehungsberechtigten) oder drohender Gefahr der Verwahrlosung
3. im Übrigen kollidierendes Verfassungsrecht

II./III. Wie oben

XI. Versammlungsfreiheit (Art. 8 I GG)

144	Deutsche	Legaldefinition in Art. 116 I GG.
145	Versammlung	Örtliche Zusammenkunft mehrerer (h.M. mind. 2) Personen zur gemeinschaftlichen, auf die Teilhabe an der öffentlichen Meinungsbildung gerichteten Erörterung oder Kundgebung (str., so zumindest der enge Versammlungsbegriff, den mittlerweile auch das BVerfG vertritt; die aA fordert kein Teilhabe an der öffentlichen Meinungsbildung als gemeinsamen Zweck).
146	Waffen	Im technischen Sinne des § 1 WaffG und Gegenstände, die objektiv gefährlich sind und zum Zweck der Gewaltanwendung mitgeführt werden.
147	Unfriedlich	Versammlungen, die einen gewalttätigen oder aufrührerischen Verlauf nehmen. *Gewalttätig* ist eine Versammlung, wenn aus ihr heraus oder in ihr körperlich auf Personen oder Sachen eingewirkt wird, wobei die

	Einwirkung von einiger Erheblichkeit sein muss. Ein *aufrührerischer Verlauf* ist gegeben, wenn aktiver körperlicher Widerstand gegen rechtmäßig handelnde Vollstreckungsbeamte geleistet wird.	
Unter freiem Himmel	Veranstaltungsort weist keine Begrenzung zur Außenwelt auf.	**148**
Eilversammlung	Geplante Versammlung wird aus aktuellem Anlass kurzfristig einberufen; eine Planung und ein Veranstalter existieren, eine Anmeldung nach § 14 VersG würde den Versammlungszweck aber gefährden/verhindern.	**149**
Spontanversammlung	Versammlung, die ohne Einladung und Vorbereitung, also ungeplant und veranstalterlos, ausgelöst durch einen akutellen Anlass stattfindet, sodass eine Anmeldung nach § 14 VersG gar nicht in Frage kommt.	**150**

A. Eröffnung des Schutzbereichs **151**

I. Persönlich: Jeder Deutsche

II. Sachlich:

1. Versammlung
2. Friedlich und ohne Waffen

(3. an einem öffentlichen Ort)

B. Eingriff

C. Verfassungsrechtliche Rechtfertigung

I. Einschränkbarkeit des Grundrechts

1. bei Versammlungen in geschlossenen Räumen nur über kollidierendes Verfassungsrecht
2. bei Versammlungen „unter freiem Himmel" durch oder aufgrund eines formellen Gesetzes. Im Hinblick auf meinungsspezifische Inhalte ist Vorbehalt des allgemeinen Gesetzes nach Art. 5 II GG zu beachten.

II./III. Wie oben.

Als besondere Schranken-Schranke gilt das Verbot einer Anmelde- und Erlaubnispflicht (nach Abs. 1). Anmeldung nach § 14 VersG ist lediglich eine Obliegenheit. Daher verfassungskonforme Anwendung der Vorschrift bei Spontan- und Eilversammlungen.

XII. Vereinigungsfreiheit (Art. 9 I, II GG)

152	Vereinigung	Freiwilliger, privatrechtlicher (h.M.) Zusammenschluss von Rechtssubjekten für eine längere Zeit zu einem gemeinsamen Zweck, der eine gewisse Organisationsstruktur aufweist (vgl. § 2 I VereinsG).
153	Strafgesetze	Allgemeines Strafrecht, das sich nicht speziell gegen die Vereinigungsfreiheit richtet.
154	Verfassungsmäßige Ordnung	Freiheitliche demokratische Grundordnung (in Abweichung von Art. 2 I GG)!
155	„richten“	Das Merkmal des sich gegen die verfassungsmäßige Ordnung „Richtens“ ist nicht schon dann gegeben, wenn die Vereinigung die verfassungsmäßige Ordnung lediglich ablehnt. Sie muss (vgl. Art. 21 II GG: Parteiverbot) diese verfassungsfeindlichen Ziele auch *„kämpferisch-aggressiv verwirklichen“* wollen.
156	„gegen die Völkerverständigung gerichtet“	Verein verfolgt durch Art. 26 I GG verbotene Tätigkeiten oder entfaltet vergleichbar schwerwiegend völkerrechtswidrige Aktivitäten.

157 **A. Eröffnung des Schutzbereichs**

I. Persönlich

1. Individualfreiheitsrecht: Jeder Deutsche
2. Kollektivrecht: Schutz von Vereinigungen selbst (a.A. über Art. 19 III GG); nicht Parteien (s. Art. 21 GG, § 2 II Nr. 2 VereinsG), Religionsgemeinschaften (vgl. Art. 4 I, II, Art. 140 GG iVm 137 II, V, VII WRV)

II. Sachlich: Vereinigung (Gründung, Beitritt, Betätigung, Verbleib, Recht fernzubleiben oder auszutreten, Freiheit des Vereins über Entstehen, Mitglieder, Betätigung zu bestimmen)

B. Eingriff

jede Beeinträchtigung, jedoch nicht Normen die Typen der Vereinigungen festlegen (HGB; AktG) → normgeprägtes Grundrecht

C. Verfassungsrechtliche Rechtfertigung

I. Einschränkbarkeit des Grundrechts

1. im Falle des Vereinsverbots (Art. 9 II GG; nach h.M. Schrankenvorbehalt, nicht Schutzbereichsverengung)
   a) Strafgesetze,
   b) die verfassungsmäßige Ordnung oder
   c) der Gedanke der Völkerverständigung
2. in sonstigen Fällen: verfassungsimmanente Schranken

II./III. wie oben.

Die Einzelfallmaßnahme muss sich im Rahmen der qualifizierten Schranken bewegen:

Die Anordnung eines Vereinigungsverbots sieht § 3 I VereinsG vor. Nach I. 1. a) ist dann erforderlich, dass Zwecke verfolgt oder Tätigkeiten ausgeübt werden, welche den Strafgesetzen zuwiderlaufen.

Nach I. 1. b) und c) muss sich die Vereinstätigkeit gegen die verfassungsmäßige Ordnung bzw. den Gedanken der Völkerverständigung „richten".

XIII. Koalitionsfreiheit (Art. 9 III GG)

Koalition	*Vereinigung* (s. Vorauss. des Art. 9 I GG) *Zweckbestimmung*: Wahrung und Förderung der Arbeits- und Wirtschaftsbedingungen; *Gegnerunabhängigkeit*: finanzielle und organisatorische Unabhängigkeit von der Gegnerseite; i.d.R. überbetriebliche Organisation und Betätigung erforderlich; *Durchsetzungwille*: subjektiv aus der Satzung zu entnehmende Eigenschaft *Tariffähigkeit (str.):* *a) Soziale Mächtigkeit:* Durchsetzungsfähige Organisation, hinreichende Mitgliederzahl, grds. Arbeitskampfwilligkeit; *b) Tarifwilligkeit:* keine satzungsmäßige	**158**

	Beschränkung der Verhandlungsmacht sowie Verhandlungs- und Abschlussbereitschaft; *c) Demokratische Legitimation*: Legitimation durch verbandsrechtliche Mitbestimmung der Mitglieder.

159 **A. Eröffnung des Schutzbereichs**

I. Persönlich: Arbeitgeber und Arbeitnehmer, Vereinigungen gem. Art. 19 III GG

II. Sachlich: Koalition (Erhaltung und Sicherung der Koalition – wie bei Art. 9 I GG; spezifisch koalitionsmäßige Betätigung: Tarifautonomie, Streiks, Aussperrungen; negative Koalitionsfreiheit)

B. Eingriff: Jeder staatliche oder private (= Fall der unmittelbaren Drittwirkung!) Eingriff

C. Verfassungsrechtliche Rechtfertigung

I. Einschränkbarkeit des Grundrechts durch

1. Art. 9 II GG (-) (h.M.);
2. kollidierendes Verfassungsrecht, insb.
   a) Grundrechte Dritter
   b) hergebrachte Grundsätze des Berufsbeamtentums (Art. 33 V GG), insb. Streikverbot;
   c) kirchliches Selbstbestimmungsrecht (Art. 4 I, II GG, Art. 140 GG iVm Art. 137 III WRV)
   d) Bekämpfung der Massenarbeitslosigkeit (BVerfGE 100, 271 [284])

II./III. Wie oben. Als Schranken-Schranke ist Art. 9 III 3 GG zu beachten (keine Notstandsmaßnahmen).

XIV. Brief-, Post- und Fernmeldegeheimnis (Art. 10 GG)

160	Briefgeheimnis	Schützt den brieflichen Verkehr gegen den Kenntnis nehmenden Zugriff der öffentlichen Gewalt auf den Inhalt des Briefes (BVerfGE 67, 157 [171]). Als *Brief* ist jede *verkörperte Sendung von*

	Informationen zu qualifizieren, die durch Schrift oder andere Zeichen fixiert wurden, an einen bestimmten Empfänger gerichtet sind und die ohne Kenntnisnahme Dritter, also vertraulich und unter Ausschluss der Öffentlichkeit befördert werden sollen.
Postgeheimnis	gewährleistet die Vertrautlichkeit aller durch Einrichtungen der Post abzuwickelnden Transport- und Kommunikationsvorgänge, insb. den Inhalt von Briefen, Paketen und Warensendungen. **161**
Fernmeldegeheimnis	schützt die körperliche Übermittlung von Informationen an individuelle Empfänger mit Hilfe der Telekommunikationstechnik vor einer Kenntnisnahme durch die öffentliche Gewalt. **162**

A. Eröffnung des Schutzbereichs **163**

I. Persönlich: Jeder Deutsche

II. Sachlich: Briefgeheimnis, Postgeheimnis und Fernmeldegeheimnis

B. Eingriff

Staatsorgane verschaffen sich Kenntnis von den über Art. 10 I GG geschützten Informationen ohne Zustimmung der Kommunikationsteilnehmer, zB Aufzeichnung, Speicherung und Verwertung kommunikativer Daten durch die öffentliche Gewalt

C. Verfassungsrechtliche Rechtfertigung

I. Einschränkbarkeit des Grundrechts

1. durch einfachen Gesetzesvorbehalt nach Art. 10 II 1 GG
2. durch qualifizierten Gesetzesvorbehalt nach Art. 10 II 2 GG (Folgen: Möglichkeit, dass dem Betroffenen Überwachungs- und Abhörmaßnahmen nicht mitgeteilt werden; Beschränkung des Rechtswegs)

II./III. Im Übrigen wie oben

XV. Freizügigkeitsrecht (Art. 11 GG)

164	Freizügigkeit	Recht, an jedem Ort innerhalb des Bundesgebietes Aufenthalt und Wohnsitz zu nehmen (nicht bloße Fortbewegung → Art. 2 I GG); auch Wiedereinreise ins Bundesgebiet, nicht jedoch Ausreise.
165	Wohnsitz	Ständige Niederlassung an einem Ort mit dem Willen, nicht nur vorübergehend zu bleiben, sondern den Ort zum Mittelpunkt des Lebens zu machen.
166	Ausreichende Lebensgrundlage	fehlt einem Grundrechtsträger, wenn er seinen Lebensmindestbedarf nicht aus eigener Kraft befriedigen kann (BVerfGE 110, 177 [192]).
167	Drohende Gefahr	Auszulegen wie im Polizeirecht: (Hypothetische) Sachverhalte, die bei ungehindertem Ablauf des Geschehens in absehbarer Zeit mit hinreichender Wahrscheinlichkeit zu einem Schaden für die öffentliche Sicherheit und Ordnung führen würden.
168	Bestand (des Bundes oder eines Landes)	Umfasst die „elementarsten rechtlichen und sozialen Gegebenheiten“, insbesondere die Bevölkerung, die territoriale Integrität und die nach außen wie auch nach innen gerichtete Handlungsfähigkeit des Bundes sowie der einzelnen Bundesländer.[2]
169	Freiheitlich demokratische Grundordnung	Kernsubstanz der Verfassung, mithin eine Ordnung, die unter Ausschluss jeglicher Gewalt- und Willkürherrschaft eine rechtsstaatliche Herrschaftsordnung auf der Grundlage der Selbstbestimmung des Volkes nach dem Willen der jeweiligen Mehrheit und der Freiheit und der Gleichheit darstellt (BVerfGE 2, 1 [12 f.]).
170	Seuchengefahr	besteht bei schweren übertragbaren Krankheiten für Menschen und Tiere.
171	Naturkatastrophe	besteht bei erheblichen Schäden für Menschen oder in einem größeren Gebiet, sofern sie durch natürliche Ereignisse hervorgerufen wurden.

[2] Vgl. hierzu Maunz/Dürig-*Durner*, GG-Kommentar, 80. Aufl. 2017, Art. 11 Rn. 139.

Verwahrlosung	Nachhaltige Gefährdung des Wohls von Kindern und Jugendlichen in körperlicher, psychischer oder geistiger Hinsicht.	172

A. Eröffnung des Schutzbereichs 173

I. Persönlich: Jeder Deutsche

II. Sachlich: Freizügigkeit

B. Eingriff

Behinderung oder Beeinträchtigung des freien Ziehens

C. Verfassungsrechtliche Rechtfertigung

I. Einschränkbarkeit des Grundrechts

1. durch qualifizierten Gesetzesvorbehalt nach Art. 11 II GG

a) Versorgungsvorbehalt: Ausreichende Lebensgrundlage ist nicht vorhanden und Allgemeinheit entstehen daraus besondere Lasten

b) Notstandsvorbehalt: Abwehr einer drohenden Gefahr für den Bestand oder die freiheitliche demokratische Grundordnung des Bundes oder eines Landes

c) Katastrophenvorhehalt: Beschränkungen zur Bekämpfung von Seuchengefahren, Naturkatastrophen und besonders schweren Unglücksfällen

d) Schutz der Jugend von Verwahrlosung

e) Zur Vorbeugung strafbarer Handlungen

2. durch kollidierendes Verfassungsrecht, insb. nach Art. 17a II GG; Art. 119 GG

II./III. Im Übrigen wie oben.

XVI. Berufsfreiheit (Art. 12 I GG)

Beruf	jede nicht grds. gemeinschaftsschädliche (str.) auf Dauer angelegte Tätigkeit zur Schaffung und Erhaltung einer Lebensgrundlage (hM).	174
Arbeitsplatz	Stelle, an der eine berufliche Tätigkeit ausgeübt wird.	175

176	Ausbildungsstätte	Jede private oder öffentliche Einrichtung, die Kenntnisse und Fertigkeiten für bestimmte Berufe oder Berufsgruppen vermitteln und über das Angebot allgemeiner Bildung hinausgehen.
177	Berufsausübungsregel	Gesetzgeber bestimmt die Art und Weise der Berufstätigkeit. Bereits zulässig, wenn sie auf Grund vernünftiger Allgemeinwohlerwägungen zweckmäßig erscheinen.
178	Subjektive Berufswahlregelungen	Gesetzgeber stellt auf persönliche Eigenschaften und Fähigkeiten ab (z.B. Abschlüsse, Leistungen); zulässig, wenn es um den Schutz eines besonders wichtigen Gemeinschaftsguts geht.
179	Objektive Berufswahlregelungen	Beschränkungen der Berufswahlfreiheit anhand von objektiven Kriterien, die nicht in der Person des Betroffenen liegen und auf die er keinen Einfluss hat; zulässig nur zur Abwendung einer nachweislichen oder höchstwahrscheinlichen Gefahr für ein überragend wichtiges Gemeinschaftsgut.
180	Berufsregelnde Tendenz	Eine Regelung hat dann berufsregelnde Tendenz, wenn sie „nach Entstehungsgeschichte und Inhalt im Schwerpunkt Tätigkeiten betreffen, die typischerweise beruflich ausgeübt werden“ (BVerfGE 97, 228 [254]).

181 **A. Eröffnung des Schutzbereichs**

I. Persönlich: Jeder Deutsche

II. Sachlich: Wahl und Ausübung des Berufs (einschließlich des Arbeitsplatzes und der Ausbildungsstätte)

B. Eingriff (mit berufsregelnder Tendenz; h.M.)

wird unterteilt in Berufsausübungsregelungen („wie“), subjektive und objektive Berufszulassungsschranken („ob“)

C. Verfassungsrechtliche Rechtfertigung

I. Einschränkbarkeit des Grundrechts

1. durch einfachen Regelungsvorbehalt nach Art. 12 I 2 GG (gilt über den Wortlaut hinaus auch für Berufswahlregelungen)

2. durch Art. 33 GG für den öffentlichen Dienst

II./III. Im Übrigen wie oben. Beachte hier, dass die Verhältnismäßigkeitsprüfung durch die Drei-Stufen-Theorie konkretisiert wird. Es wird danach differenziert, ob eine Berufsausübungsregel, eine subjektive Berufswahlregel oder eine objektive Berufswahlregel vorliegt.

XVII. Wohnungsgrundrecht (Art. 13 GG)

Wohnung	Raum, den der Einzelne der allgemeinen Zugänglichkeit entzieht und zum Mittelpunkt seines Lebens und (auch beruflichen; str.) Wirkens bestimmt.	**182**
Durchsuchung	Das „ziel- und zweckgerichtete Suchen staatlicher Organe nach Personen oder Sachen oder zur Ermittlung eines Sachverhaltes, um etwas aufzuspüren, was der Inhaber der Wohnung von sich aus nicht offenlegen oder herausgeben will“ (BVerfGE 76, 83 [89]).	**183**

A. Eröffnung des Schutzbereichs **184**

I. Persönlich: Jeder

II. Sachlich: Wohnung

B. Eingriff

Durchsuchungen, Lauschangriffe, sonstige Eingriffe

C. Verfassungsrechtliche Rechtfertigung

I. Einschränkbarkeit des Grundrechts

1. im Falle von Durchsuchungen nach Art. 13 II GG
2. im Falle von Lauschangriffen nach Art. 13 III GG zum Zwecke der Strafverfolgung, nach Art. 13 IV, V GG zum Zwecke der Gefahrenabwehr
3. im Falle sonstiger Eingriffe nach Art. 13 VII GG

II./III. Im Übrigen wie oben

XVIII. Eigentum (Art. 14 I GG)

185	Eigentum	Alle vermögenswerten Rechte, die dem Berechtigten von der Rechtsordnung in der Weise zugeordnet sind, dass dieser die damit verbundenen Befugnisse nach eigenverantwortlicher Entscheidung zu seinem privaten Nutzen ausüben darf.
186	Enteignung	Teilweiser oder vollständiger Entzug *konkret-individueller* vermögenswerter Rechtspositionen durch gezielten hoheitlichen Rechtsakt zur Erfüllung öffentlicher Aufgaben (Ablösung der Sonderopfer- und Schweretheorie).
187	Inhalts- und Schrankenbestimmung	Verkürzung einer bestehenden Eigentumsposition durch *abstrakt-generelle* Festlegung von neuen Rechten und Pflichten des Eigentümers.

188 **A. Eröffnung des Schutzbereichs**

I. Persönlich: Jeder

II. Sachlich: Eigentum

B. Eingriff

Enteignung oder Inhalts- und Schrankenbestimmungen

C. Verfassungsrechtliche Rechtfertigung

I. Einschränkbarkeit des Grundrechts

1. durch Inhalts- und Schrankenbestimmungen nach Art. 14 I 2 GG
2. durch Enteignung nach Art. 14 III GG

II./III. Im Übrigen wie oben

XIX. Schutz vor Ausbürgerung (Art. 16 I GG)

189	Verkürzung der Rechtsstellung als deutscher Staatsangehöriger	liegt vor, wenn ihm alle oder auch nur die wesentlichen Rechte genommen werden, die nach einfachem Recht mit der Staatsangehörigkeit verbunden sind.
190	Entziehung	liegt vor, wenn dem Betroffenen die Staatsangehörigkeit gegen seinen Willen genom-

	men wird und die Verlustzufügung *ausgrenzenden, also diskriminierenden Charakter* hat.

A. Eröffnung des Schutzbereichs 191

I. Persönlich: Deutscher Staatsangehöriger

II. Sachlich: Rechtsposition der deutschen Staatsangehörigkeit

B. Eingriff

jede *Verkürzung* einer bestehenden Rechtsstellung als deutscher Staatsangehöriger, insb. Entziehung der Staatsangehörigkeit

C. Verfassungsrechtliche Rechtfertigung

I. Einschränkbarkeit des Grundrechts

1. Vorbehaltlosigkeit des Verbots der Entziehung der Staatsangehörigkeit

2. Gesetzesvorbehalt des Verlusts der Staatsangehörigkeit

II./III. Wie oben. Nach Art. 16 I 2 GG darf der Betroffene jedoch nicht staatenlos werden.

XX. Auslieferungsverbot (Art. 16 II GG)

Auslieferung	Entfernung eines Deutschen aus dem Hoheitsgebiet der BRD, verbunden mit der Überführung in den Bereich einer Macht auf deren Ersuchen (auch internationaler Gerichtshof).	192
Durchlieferung	Ausländer wird aus einem anderen Staat in einen dritten Staat ausgeliefert und im Zuge der Auslieferung wird der Hoheitsbereich eines weiteren Staates berührt.	193
Ausweisung	Gebot an einen Deutschen, die BRD egal wohin zu verlassen (ohne Ersuchen eines anderen Staates).	194
Rücklieferung	Auslieferung eines Deutschen ins Ausland, nachdem dieser zuvor nur vorläufg auf Grund einer Rückführungszusage aus dem Ausland in die BRD verbracht worden ist.	195

196 **A. Eröffnung des Schutzbereichs**

I. Persönlich: Jeder Deutsche

II. Sachlich: Schutz gegen seinen Willen aus der ihm vertrauten Rechtsordnung entfernt zu werden

B. Eingriff

Auslieferung, Durchlieferung, Ausweisung, Rücklieferung (str.)

C. Verfassungsrechtliche Rechtfertigung

I. Einschränkbarkeit des Grundrechts nach Art. 16 II 2 GG

II. /III. Wie oben.

XXI. Asylrecht (Art. 16a GG)

197	Politische Verfolgung	Politisch verfolgt ist, wer „wegen seiner Rasse, Religion, Nationalität, Zugehörigkeit zu einer sozialen Gruppe oder wegen seiner politischen Überzeugung Verfolgungsmaßnahmen mit Gefahr für Leib oder Leben oder Beschränkungen seiner persönlichen Freiheit ausgesetzt ist oder solche Verfolgungsmaßnahmen begründet befürchtet“ (BVerwGE 67, 184 [186]).
198	Verfolgung	Beeinträchtigung von Rechtsgütern, die den Betroffenen in eine ausweglose Lage bringt.
199	Verfolgungsgefahr	Wenn dem Asylsuchenden politische Verfolgung mit überwiegender Wahrscheinlichkeit droht, sodass ihm der Aufenthalt in seinem Heimatstaat nicht zumutbar ist.
200	Inländische Fluchtalternative	Wenn der Betroffene nicht überall in seinem Heimatland schutzlos ist, sondern in verfolgungsfreie Landesteile (zumutbar) ausweichen kann.

201 **A. Eröffnung des Schutzbereichs**

I. Persönlich: Jeder selbst durch den Heimatstaat politisch Verfolgte; nicht: wer aus einem anderen EU-Mitgliedstaat einreist (Art. 16a II 1 GG)

II. Sachlich: Recht auf Asyl

B. Eingriff

Alle aufenthaltsverweigernden und -beendenden Maßnahmen

C. Verfassungsrechtliche Rechtfertigung

I. Einschränkbarkeit des Grundrechts

1. qualifizierte Gesetzesvorbehalte: Art. 16a II 2, III 1 GG
2. Beschränkungen des gerichtlichen Rechtsschutzes: Art. 16a II 2, IV GG
3. Vorbehalt völkerrechtlicher Verträge: Art. 16a V GG
4. Verwirkung gem. Art. 18 GG

II. /III. wie oben.

XXII. Petitionsrecht (Art. 17 GG)

Bitten	Auf ein künftiges Verhalten gerichet und enthalten das Begehren eines künftigen Tuns oder Unterlassens.	**202**
Beschwerden	Auf ein vergangenes Verhalten gerichtet und enthalten das Begehren eines künftigen Tuns oder Unterlassens.	**203**

A. Eröffnung des Schutzbereichs **204**

I. Persönlich: Jeder

II. Sachlich: Recht, sich mit Bitten oder Beschwerden schriftlich an die zuständigen Stellen und an die Volksvertretung zu wenden

B. Eingriff

C. Verfassungsrechtliche Rechtfertigung

I. Einschränkbarkeit des Grundrechts

1. Art. 17a I GG
2. Im Übrigen über kollidierendes Verfassungsrecht

II./III. wie oben.

B. Gleichheitsgrundrechte

I. Allgemeiner Gleichheitsgrundsatz (Art. 3 I GG)

205	Willkürverbot	Das für alle staatliche Gewalt geltende Verbot, die dem Recht Unterworfenen willkürlich zu behandeln. Jede Differenzierung bedarf daher eines sachlichen Grundes.

206 **Vorprüfung:** Kein spezielles Gleichheitsrecht einschlägig (bspw. Art. 3 II, III GG, Art. 6 V GG, Art. 33 I GG, Art. 38 I GG)

A. Rechtlich relevante Ungleichbehandlung

I. Wesentliche Gleichheit zweier Fallgestaltungen (gemeinsamer Oberbegriff – tertium comparationis)

II. Ungleichbehandlung

B. Verfassungsrechtliche Rechtfertigung

I. bei Ungleichbehandlungen geringerer Intensität: Willkürverbot, d.h. ausreichend ist jeder sachliche Grund

II. bei Eingriffen höherer Intensität (personenbezogene Ungleichbehandlungen oder sachliche Ungleichbehandlungen, die Gebrauch grundrechtlich geschützter Freiheit erschweren): neue Formel, d.h. Verhältnismäßigkeitsprüfung

II. Art. 3 II GG

207	Abstammung	Natürliche biologische Beziehung eines Menschen zu seinen Vorfahren nach den Regeln des Familienrechts.
208	Rasse	Menschengruppe, die – zumindest vermeintlich – nach biologischen, vererbbaren Kriterien definiert werden kann.
209	Heimat	Emotional besetzte geografische Herkunft.
210	Herkunft	Geburtsmäßige Zugehörigkeit zu einer sozialen Schicht bzw. die sozial-standesmäßige Verwurzelung.
211	Glaube	Religiöse und weltanschauliche Ansichten.
212	Behinderung	Nicht nur vorübergehende Beeinträchtigung der körperlichen, geistigen und seelischen Funktionen.

III. Art. 33 II GG

Öffentliches Amt	Alle beruflichen und nebenamtlichen Funktionen staatlicher Organisation.	**213**
Befähigung	Der Tätigkeit zugute kommenden Fähigkeiten wie Begabung und Allgemeinwissen, Vor- und Ausbildung, Wissen und Erfahrung.	**214**
Fachliche Leistung	Fachwissen und fachliches Können (BVerfGE 110, 304 [322]).	**215**
Eignung	Alle sonstigen geistigen, körperlichen, psychischen, charakterlichen Eigenschaften, die für ein spezifisches Amt von Bedeutung sind.	**216**

C. Grundrechtsgleiche Rechte

I. Rechtsschutzgarantie (Art. 19 IV GG)

Rechtsverletzung	Jeder rechtswidrige Eingriff in ein Recht.	**217**
Der Rechtsweg steht offen,	wenn Zugang zu einem Gericht, Verfahren vor einem Gericht und eine (effektive) Entscheidung durch ein Gericht gewährleistet wird.	**218**

A. Eröffnung des Schutzbereichs **219**

I. Persönlich: Jeder

II. Sachlich: Eröffnung des Rechtswegs gegen Rechtsverletzungen der öffentlichen Gewalt (Exekutive, Legislative, nicht aber Judikative)

B. Eingriff

Jede unangemessene, nicht gebotene Erschwerung des Zugangs zu bzw. des Verfahrens vor den Gerichten, nicht aber Ausgestaltung des Rechtswegs

C. Verfassungsrechtliche Rechtfertigung

I. Einschränkbarkeit des Grundrechts nur über kollidierendes Verfassungsrecht; praktisch kaum ein Fall denkbar.

II. /III. wie oben

II. Recht auf den gesetzlichen Richter (Art. 101 I 2 GG)

220	Richter	Hauptberufliche und ehrenamtliche Richter (Schöffen).
221	Gesetzlicher Richter	Durch formelles oder materielles Gesetz bestimmter Richter.

222 **A. Eröffnung des Schutzbereichs**

I. Persönlich: Jeder, insb. auch alle juristischen Personen (auch des öffentlichen Rechts)

II. Sachlich: Gesetzlicher Richter

B. Eingriff: Staatliche Maßnahmen, die nicht Elemente der Ausgestaltung des Rechtswegs sind

C. Verfassungsrechtliche Rechtfertigung

I. Einschränkbarkeit des Grundrechts nur über kollidierendes Verfassungsrecht; praktisch kaum ein Fall denkbar.

II. /III. wie oben.

D. Grundrechtsverwirkung

223	Missbrauch zum Kampf	Fortgesetzte, aktiv-aggressive staatsfeindliche politische Betätigung, die die Beseitigung oder Beeinträchtigung der freiheitlichdemokratischen Grundordnung in der Bundesrepublik Deutschland zum Ziel hat.
224	Freiheitlichdemokratische Grundordnung	Prinzip, das unter Ausschluss jeglicher Gewalt- und Willkürherrschaft eine rechtsstaatliche Herrschaftsordnung auf der Grundlage der Selbstbestimung des Volkes nach dem Willen der jeweiligen Mehrheit und der Freiheit und Gleichheit darstellt.

A. Zulässigkeit eines Verfahrens nach Art. 18 S. 2 GG 225

I. Antragsberechtigung (§ 36 BVerfGG)

II. Antragsgegenstand: Feststellung der Verwirkung eines Grundrechtes wegen möglichen Missbrauchs zum Kampf gegen die freiheitliche demokratische Grundordnung.

III. Antragsgegner: Natürliche Personen und nach Maßgabe des Art. 19 III GG juristische Personen, soweit sie Träger des zu verwirkenden Grundrechts sind.

IV. Vorverfahren (§ 37 BVerfGG)

V. Form (§ 23 I BVerfGG)

B. Begründetheit

I. Verwirkungsfähige Grundrechte

II. Missbrauch „zum Kampf gegen die freiheitlich demokratische Grundordnung“ (vgl. Art. 21 II GG)

C. Entscheidung

Dritter Abschnitt: Verfassungsprozessrecht

BERSATZ:

A. Abstrakte Normenkontrolle

Der Antrag hat Aussicht auf Erfolg, wenn er zulässig (A) & begründet (B) ist.

A. Zulässigkeit 226

I. Antragsberechtigung (Art. 93 I Nr. 2 GG, § 76 I BVerfGG): Bundesregierung, Landesregierung, 1/4 der Bundestagsmitglieder; Sonderfall: Art. 93 I Nr. 2a GG, § 76 II BVerfGG (Bundesrat, Landesregierung, Landesparlamente)

II. Prüfungsgegenstand (§ 76 I BVerfGG)

1. (Formelles und materielles) Bundes- und Landesrecht, einschließlich des vorkonstitutionellen Rechts; d.h. Verfassungsnormen, Parlamentsgesetze, Rechtsverordnungen, Satzungen; Sonderfall: Art. 93 I Nr. 2a GG, § 76 II BVerfGG (nur „formelles Bundesgesetz“)

2. Existente Norm: bereits verkündet (nicht unbedingt: in Kraft getreten), noch nicht außer Kraft getreten

III. Antragsgrund (§ 76 I BVerfGG)

1. Für Nichtig halten des Gesetzes (Nr. 1); bloße Zweifel genügen (str.)

2. Für Gültig halten des Gesetzes (Nr. 2)

IV. Objektives Klarstellungsinteresse

Grds. durch III. indiziert; mögliche Ausnahme: vorhergehende verfassungsgerichtliche Entscheidung

V. Form (§ 23 I 1, 2 Hs. 1 BVerfGG)

B. Begründetheit

I. Verfahren nach Art. 93 I Nr. 2 GG

1. Prüfungsgegenstand: Verfassungsänderndes Gesetz

a) Formelle Verfassungsmäßigkeit (Art. 79 I, II GG)

b) Materielle Verfassungsmäßigkeit (Art. 79 III GG)

2. Prüfungsgegenstand: Formelles (Bundes-)Gesetz
   a) Formelle Verfassungsmäßigkeit
      aa) Gesetzgebungskompetenz (Art. 71 ff. GG)
      bb) Ordnungsgemäße Durchführung des Gesetzgebungsverfahrens (s. unter Rn. 17 ff.)
   b) Materielle Verfassungsmäßigkeit
3. Prüfungsgegenstand: Materielles (Bundes-)Gesetz
   a) Ordnungsgemäße Delegation gem. Art. 80 I 1, 2 GG
   b) Rechtmäßigkeit der Rechtsverordnung
4. Prüfungsgegenstand: Landesrecht
   a) Formelle Rechtsmäßigkeit (nur Gesetzgebungskompetenz! Gesetzgebungsverfahren richtet sich nach Landesrecht und wird vom BVerfG nicht geprüft)
   b) Materielle Rechtmäßigkeit
      aa) Vereinbarkeit mit Bundesrecht (Art. 31 GG)
      bb) Vereinbarkeit mit GG

II. Sonderfall: Verfahren nach Art. 93 I Nr. 2a GG – Prüfung beschränkt sich auf Vereinbarkeit des Gesetzes mit Art. 72 II GG

C. Entscheidungsmöglichkeiten

I. Grundsatz: Nichtigerklärung (§ 78 BVerfGG)

II. Ausnahme: „Unvereinbarerklärung“

1. Gesetzgeberischer Gestaltungsspielraum
2. „Gleichheitswidriger Begünstigungsausschluss“
3. Nichtigerklärung würde Verfassungswidrigkeit noch verstärken

B. Konkrete Normenkontrolle

A. Zulässigkeit **227**

I. Vorlageberechtigung (Art. 100 I 1 Alt. 2, I 2 GG): Staatliche Gerichte jeder Instanz

II. Vorlagegegenstand (Art. 100 I 1 Alt. 2, I 2 GG):

1. (Bundes- oder Landes-)Gesetze, die dem Verwerfungsmonopol des BVerfG unterliegen (also nur formelle, nachkonstitutionelle Gesetze) und

2. im konkreten Fall Entscheidungserheblichkeit erlangen

III. Überzeugung des vorlegenden Gerichts von Verfassungswidrigkeit des Prüfungsgegenstandes (Art. 100 I 1 Alt. 2, I 2 GG)

IV. Rechtsschutzbedürfnis (fehlt etwa bei vorangegangener Entscheidung in der Sache)

V. Form (§§ 23 I 1, 2 Hs. 1, 80 II BVerfGG); kein Fristerfordernis

B. Begründetheit

I. Prüfungsgegenstand: Bundesrecht

1. Formelle Verfassungsmäßigkeit

a) Gesetzgebungskompetenz (Art. 71 ff. GG)

b) Ordnungsgemäße Durchführung des Gesetzgebungsverfahrens

2. Materielle Verfassungsmäßigkeit: Verstoß gegen GG

II. Prüfungsgegenstand: Landesrecht

1. Formelle Verfassungsmäßigkeit: Gesetzgebungskompetenz

2. Materielle Verfassungsmäßigkeit: Verstoß gegen Bundesrecht oder GG

C. Entscheidungsmöglichkeiten

Ggf. Nichtigerklärung, § 82 I iVm § 78 S. 1 BVerfGG

C. Bund-Länder-Streit

228 **A. Zulässigkeit**

I. Antragsberechtigung (Art. 93 I Nr. 3 GG, § 68 BVerfGG): Bundesregierung und Landesregierung in Prozessstandschaft für Bund bzw. Land; Parlamente (str.)

II. Streitgegenstand (Art. 93 I Nr. 3 GG, § 69 iVm § 64 I BVerfGG)

1. Konkrete rechtserhebliche Maßnahme
2. die Rechte und Pflichten des Bundes bzw. der Länder aus GG betrifft (= Abgrenzung zu Art. 93 I Nr. 4 Alt. 1 GG)

III. Antragsbefugnis (§ 69 iVm § 64 I BVerfGG)

1. Möglichkeit (d.h. plausible Geltendmachung) der
2. Verletzung oder unmittelbaren Gefährdung eigener Rechte des Antragstellers aus GG

IV. Allgemeines Rechtsschutzinteresse

V. Evtl. Vorverfahren: In Fällen der Bundesaufsicht (vgl. Art. 84 IV 1, 2 GG; § 70 BVerfGG)

VI. Form (§ 23 I 1, 2 Hs. 1, § 69 iVm § 64 II BVerfGG)

VII. Frist

1. bei Vorverfahren: 1 Monat ab Beschlussfassung (§ 70 BVerfGG)
2. ohne Vorverfahren: 6 Monate ab Bekanntwerden (§§ 69, 64 III BVerfGG)

B. Begründetheit

I. Rechtswidrigkeit der Maßnahme oder Unterlassung und

II. Rechtsverletzung des Antragstellers (= kontradiktorisches Verfahren)

C. Entscheidungsmöglichkeiten

I. Feststellung des Verstoßes (§§ 69, 67 S. 1 BVerfGG)

II. Ggf. Aufhebung des Beschlusses nach Art. 84 IV 1 GG

D. Organstreitverfahren

Fraktionen	Zusammenschlüsse von Abgeordneten des Bundestages, die grds. der gleichen Partei oder jedenfalls gleichgerichteter Parteien angehören müssen, wobei eine Mindeststärke von 5% verlangt wird (vgl. § 10 I 1 GO BT). 229

A. Zulässigkeit 230

I. Parteifähigkeit der Beteiligten (Art. 93 I Nr. 1 GG, § 63 BVerfGG)

1. Oberste Bundesorgane (Art. 93 I Nr. 1 GG, § 63 BVerfGG), d.h. insb. Bundespräsident, Bundestag, Bundesrat, Bundesregierung.
2. in GG oder GO BT bzw. GO BReg mit eigenen Rechten ausgestattete Teile dieser Organe (§ 63 BVerfGG), d.h. insb. Bundeskanzler, Bundesminister, Bundestags- und Bundesratspräsident, Bundestags- und Bundesratsausschüsse, Fraktionen und Gruppen.
3. „andere Beteiligte" iSd Art. 93 I Nr. 1 GG: insb. Abgeordnete, Parteien (nach h.M. nur, soweit sie um Rechte kämpfen, die sich aus ihrem besonderen verfassungsrechtlichen Status (Art. 21 GG) ergeben)

II. Streitgegenstand (§ 64 I BVerfGG)

1. Konkrete rechtserhebliche Maßnahme
2. die Rechte und Pflichten des Antragstellers aus GG betrifft

III. Antragsbefugnis (§ 64 I BVerfGG)

1. Möglichkeit (plausible Geltendmachung) der
2. Verletzung oder unmittelbaren Gefährdung eigener (organschaftlicher) Rechte des Antragstellers (bzw. bei Organteil: des Organs = Fall der gesetzlichen Prozessstandschaft) aus GG

   a) Recht des Antragstellers selbst (§ 64 I Alt. 1 BVerfGG) oder

   b) Recht des Organs, dem der Antragsteller angehört (§ 64 I Alt. 2 BVerfGG), im Fall der Prozessstandschaft

IV. Passive Prozessführungsbefugnis

Im Streit stehen müssen eigene Maßnahmen der Antragsgegner (keine passive Prozessstandschaft)

V. Allgemeines Rechtsschutzinteresse (regelmäßig durch Antragsbefugnis indiziert)

VI. Form (§ 23 I 1, 2 Hs. 1, § 64 II BVerfGG)

VII. Frist

1. § 64 III BVerfGG: 6 Monate (Berechnung nach §§ 221 ff. ZPO, § 187 BGB)
2. Insb. Unterlassung: entscheidend ist Zeitpunkt der erkennbaren und eindeutigen Weigerung der Vornahme der Maßnahme (BVerfGE 103, 164 [170 f.])

B. Begründetheit

I. Verfassungswidrigkeit der Maßnahme oder Unterlassung

II. Verletzung der Rechte des Antragstellers (oder des Organs, für das er prozessstandschaftlich auftritt)

C. Entscheidungsmöglichkeiten

Nach § 67 BVerfGG enthält die Entscheidung die Feststellung, ob die beanstandete Maßnahme oder Unterlassung des Antragsgegners gegen eine Bestimmung des Grundgesetzes verstößt.

E. Verfassungsbeschwerde nach Art. 93 I Nr. 4a GG, § 90 I BVerfGG

231	Rechtssatzverfassungsbeschwerde	Prüfung eines Gesetzes im Rahmen der Verfassungsbeschwerde.
232	Urteilsverfassungsbeschwerde	Prüfung eines Urteils im Rahmen der Verfassungsbeschwerde.
233	Grundrechtsfähigkeit	Fähigkeit, überhaupt Träger von Grundrechten zu sein.
234	Prozessfähigkeit	Fähigkeit, einen Rechtsstreit führen zu können.
235	Öffentliche Gewalt i.S.d. Art. 93 I Nr. 4a GG	Exekutive, Legislative, Judikative (Der Begriff ist hier weiter zu verstehen als in Art. 19 IV GG).

Selbst	Wenn *eigenes* Recht betroffen ist.	236
Unmittelbar	Jedenfalls wenn keine weiteren Zwischenakte (Verwaltungsakt, Realakt, Urteil etc.) erforderlich sind. Problematisch daher bei Rechtssatzverfassungsbeschwerde. Hier ist eine Wertung vorzunehmen: Entscheidend ist, ob dem Beschwerdeführer das Abwarten des Vollzugsakts *unzumutbar* ist; immer unzumutbar ist das Abwarten eines straf- oder bußgeldbewehrten VA.	237
Gegenwärtig	Nicht bei zukünftigen Eingriffen.	238
Rechtsweg	Weg gerichtlicher Nachprüfung des Hoheitsakts und der Erhebung möglicher Rechtsmittel.	239
Grundsatz der Subsidiarität	Erfordert, dass über die Rechtswegserschöpfung hinaus alle prozessualen Möglichkeiten (vor den Fachgerichten) ergriffen werden, um eine Korrektur der geltend gemachten Verfassungsverletzung zu erwirken oder eine Grundrechtsverletzung zu verhindern (BVerfGE 68, 384 [388 f.]).	240

A. Zulässigkeit 241

I. Beschwerdefähigkeit (Art. 93 I Nr. 4a GG, § 90 I BVerfGG): „Jedermann" → Grundrechtsfähigkeit

II. Prozessfähigkeit (vgl. § 62 VwGO)[3]

III. Beschwerdegegenstand (Art. 93 I Nr. 4a GG, § 90 I BVerfGG): Sämtliche Maßnahmen der öffentlichen Gewalt.

IV. Beschwerdebefugnis (Art. 93 I Nr. 4a GG, § 90 I BVerfGG): Möglichkeit einer Grundrechtsverletzung oder der Verletzung grundrechtsgleicher Rechte.

1. Möglichkeit einer Grundrechtsverletzung
2. Selbst, unmittelbar und gegenwärtig

[3] Laut BVerfG sind die Regeln des allgemeinen Prozessrechts (§§ 51 ff. ZPO, § 62 VwGO) nur insoweit entsprechend heranzuziehen, als der Verfassungsprozess nichts Abweichendes verlangt (BVerfGE 1, 87 [88]). Bei Minderjährigen richtet sich die Prozessfähigkeit im Verfassungsbeschwerdeverfahren danach, ob die Rechtsordnung ihnen im Ausgangsverfahren die Möglichkeit zu verfahrensrechtlich relevanten Handlungen einräumt (BVerfGE 1, 87 ff.).

V. Erschöpfung des Rechtswegs (§ 90 II 1 BVerfGG)

(bei Rechtssatzverfassungsbeschwerde: Möglichkeit der prinzipalen Normenkontrolle i.S.v. § 47 VwGO vor den Fachgerichten?)

VI. Grundsatz der Subsidiarität der Rechtssatzverfassungsbeschwerde: Möglichkeit der Inzident-Kontrolle?

VII. Rechtsschutzbedürfnis

VIII. Form (§§ 23 I, 92 BVerfGG)

IX. Frist (§ 93 BVerfGG): Monatsfrist; Jahresfrist bei Gesetzen

B. Begründetheit

Die Rechtssatzverfassungsbeschwerde ist begründet, wenn der Beschwerdeführer durch das Gesetz in einem seiner Grundrechte oder grundrechtsgleichen Rechte verletzt ist.

Die Urteilsverfassungsbeschwerde ist begründet, wenn der Beschwerdeführer durch das Urteil in *verfassungsspezifischer Weise* in einem seiner Grundrechte oder grundrechtsgleichen Rechte verletzt ist. Prüfungsmaßstab ist nicht das einfache Recht (Stichwort: Das BVerfG ist keine Superrevisionsinstanz).

F. Erlass einer einstweiligen Anordnung (§ 32 BVerfGG)

242 **A. Zulässigkeit**

I. Statthaftigkeit des Antrags: für jedes Hauptsacheverfahren

II. Antragsberechtigung: bei jedem, der im Hauptsacheverfahren antragsberechtigt ist

III. Keine evidente Unzulässigkeit des Hauptsacheverfahrens, insb. Verfristung

IV. Keine Vorwegnahme des Hauptsacheverfahrens

Ausnahme nur, wenn die Entscheidung in der Hauptsache zu spät kommt und der Antragsteller nicht in anderer Weise ausreichenden Rechtsschutz erlangen kann und dadurch ein nicht wieder gut zu machender, schwerwiegender Schaden für den Antragsteller entsteht.

V. Rechtsschutzbedürfnis

VI. Form (§ 23 BVerfGG) und Frist (-)

B. Begründetheit

Abwägung der Folgen, die eintreten würden, wenn die einstweilige Anordnung nicht erginge, das Hauptsacheverfahren aber Erfolg hätte, gegenüber den Nachteilen, die entstünden, wenn die einstweilige Anordnung erlassen würde, sich das Hauptsacheverfahren aber als unbegründet erweisen würde.

C. Entscheidung

Vierter Abschnitt: Allgemeines Verwaltungsrecht

A. Anwendbarkeit des VwVfG

I. Öffentlich-rechtliche Verwaltungstätigkeit 243
(Abgrenzung zu: privater Tätigkeit)

II. im Falle des BVwVfG: **der Bundesbehörden;** im Falle des LVwVfG: **der Landesbehörden**

III. die auf Erlass eines Verwaltungsakts oder Abschluss eines Verwaltungsvertrags zielt (vgl. § 9 VwVfG)[4]

IV. sofern **keine Ausnahme** nach § 2 VwVfG vorliegt und

V. im Einzelfall **keine speziellere** inhaltsgleiche oder abweichende Regelung besteht **(= Subsidiaritätsprinzip)** – Beispiel: § 28 I VwVfG – § 74 II–V BauO NRW; § 55 BauO BW etc.

B. Verwaltungsakt

I. Begriff des VA

Verwaltungsakt	Legaldefinition in § 35 S. 1 VwVfG	**244**
Hoheitlichkeit	Einseitigkeit	**245**
Behörde	Jede Stelle, die Aufgaben der öffentlichen Verwaltung wahrnimmt (§ 1 II LVwVfG; § 1 IV BVwVfG).	**246**
Regelung	Maßnahme der Behörde ist darauf gerichtet, eine *verbindliche Rechtsfolge* zu setzen.	**247**
Realakt	Maßnahme der Behörde, die auf einen *tatsächlichen Erfolg* gerichtet ist.	**248**
Einzelfall	Konkret (bestimmter Sachverhalt) individuelle (bestimmte Person/bestimmter Personenkreis) Maßnahme; vgl. hierzu auch die	**249**

[4] Diese Beschränkung gilt nicht für § 3 VwVfG (vgl. Stelkens/Bonk/Sachs-*Schmitz*, VwVfG, 9. Aufl. 2018, § 3 Rn. 2).

		Erweiterung in § 35 S. 2 VwVfG (= Allgemeinverfügung).
250	Außenwirkung	Regelung ist auf Setzung einer Rechtsfolge nach außen gerichtet.

251

I. Hoheitliche Maßnahme (Abgrenzung: Einvernehmlichkeit → öffentlich-rechtlicher Vertrag)

II. durch Behörde (Abgrenzung: Tätigwerden Privater)

III. zur Regelung (Abgrenzung: Realakt)

IV. eines Einzelfalls (Abgrenzung: Rechtsnorm)
Sonderfall: personenbezogene, sachbezogene, benutzungsregelnde **Allgemeinverfügung**

V. auf dem Gebiet des öffentlichen Rechts

VI. mit Außenwirkung

II. Wirksamkeit des VA (§ 43 VwVfG)

252	Bekanntgabe	Notwendiger Zugang eines Verwaltungsaktes an den Adressaten, damit dieser wirksam werden kann (vgl. §§ 41, 43 I VwVfG).
253	Genehmigungsfiktion	Eine beantragte Genehmigung gilt nach Ablauf einer für die Entscheidung festgelegten Frist als erteilt (Genehmigungsfiktion), wenn dies durch Rechtsvorschrift angeordnet und der Antrag hinreichend bestimmt ist (§ 42a I 1 VwVfG).

254 Wichtig insb. bei nachfolgenden Vollstreckungsmaßnahmen!

I. Wirksamwerden des VA

1. Bekanntgabe (§ 43 I, 41 VwVfG) oder
2. Genehmigungsfiktion (§ 42a VwVfG)

II. Keine Aufhebung (§§ 48 ff. VwVfG, § 113 I 1 VwGO) oder Erledigung (durch Zeitablauf oder auf andere Weise)

III. Keine Nichtigkeit

1. Sonderfall nach § 44 II VwVfG
2. Rückausnahmen des § 44 III VwVfG
3. Auffangtatbestand des § 44 I VwVfG

III. Rechtmäßigkeit eines Verwaltungsakts

Verwaltungsakts-befugnis	Ermächtigung, in der Form des Verwaltungsakts zu handeln.	**255**
Ermächtigungs-grundlage	Rechtsnorm, die der Verwaltung Eingriffe in Grundrechte erlaubt.	**256**
Örtliche Zuständigkeit	Festlegung, in wessen räumlichen Einflussbereich eine vorzunehmende Handlung fällt.	**257**
Sachliche Zuständigkeit	Zuweisung einer konkreten Sachaufgabe an eine bestimmte Behörde.	**258**
Unbestimmter Rechtsbegriff	Begriff, dessen objektiver Sinn sich nicht sofort erschließt.	**259**
Entschließungs-ermessen	Entscheidungsfreiheit der Behörde, *ob* sie tätig wird (zB § 15 I VersG).	**260**
Auswahlermessen	Entscheidungsfreiheit der Behörde, *wie* sie tätig wird (zB § 8 I PolG NRW; § 11 I Bay PAG; § 3 PolG BW).	**261**
Ermessens-nichtgebrauch	Behörde übt das bestehende Ermessen nicht aus, weil sie es nicht erkennt oder sich gebunden fühlt.	**262**
Ermessens-überschreitung	Behörde trifft eine Rechtsfolge, die nicht mehr im gesetzlichen Ermessensspielraum liegt.	**263**
Ermessens-fehlgebrauch	Behörde orientiert ihre Ermessenserwägungen nicht an dem Sinn und Zweck des Ermessens, nämlich der Herstellung von Einzelfallgerechtigkeit. Dies ist insbesondere der Fall, wenn die Behörde *sachfremde Erwägungen* zugrunde legt und ihre Entscheidung *nicht grundrechts- und unionsrechtskonform* erfolgt. Grundrechtskonformität verlangt auch *Verhältnismäßigkeit* der Maßnahme.	**264**

265 **Vorprüfung: Verwaltungsaktsbefugnis**

(nur thematisieren, wenn problematisch; Bsp. Vollstreckung einer vertraglich begründeten Verpflichtung)

A. (Wirksame) Ermächtigungsgrundlage

Tauglich ist jede Rechtsnorm (Gesetz, RVO, Satzung) unter Beachtung des Parlamentsvorbehalts (hierzu Rn. 35 f.).

Keine Wirksamkeit bei Verstoß gg. höherrangiges Recht; hier ist jedoch Art. 100 I GG zu beachten.

B. Formelle Rechtmäßigkeit

I. Zuständigkeit

1. örtliche Zuständigkeit (§ 3 I VwVfG)
2. sachliche Zuständigkeit (fachgesetzliche Bestimmung)

II. Verfahren, insb.

1. Antrag des Begünstigten (wenn Leistung begehrt wird)
2. Mitwirkung einer anderen Behörde (bspw. § 36 BauGB)
3. Sachverhaltsaufklärung (§ 24 VwVfG)
4. Beteiligungsfehler (§§ 20, 21 VwVfG)
5. Anhörung (§ 28 I VwVfG)
   a) Erforderlichkeit der Anhörung: Erlass eines VA, der in die Rechte eines Beteiligten (§ 13 VwVfG) eingreift
   b) Entbehrlichkeit nach § 28 II VwVfG

Regelmäßig zu prüfen ist nur die Frage der Anhörung. Die anderen Punkte bedürfen nur der Erwähnung in Abhängigkeit von der gesetzlichen Regelung oder bei entsprechenden Anhaltspunkten im SV.

III. Form: grds. formlos (§ 37 II 1 VwVfG); Wahl der Schriftform begründet Verpflichtung nach §§ 37 III 1, 39 I VwVfG.

C. Materielle Rechtmäßigkeit

I. Tatbestand: Auslegung und Subsumtion der Ermächtigungsgrundlage (beachten Sie insb. „unbestimmte Rechtsbegriffe")

II. Ggf.: Richtiger Adressat

III. Ggf.: Bestimmtheit (§ 37 I VwVfG)

IV. Ggf.: Nicht rechtlich oder tatsächlich Unmögliches

D. Rechtsfolge

I. Gebundene Entscheidung

II. Entschließungs- und/oder Auswahlermessen → Überprüfung auf Ermessensfehler (§ 40 VwVfG, § 114 S. 1 VwGO); dies sind Ermessensnichtgebrauch, Ermessensüberschreitung, Ermessensfehlgebrauch; in diesem Rahmen ist auch die Verhältnismäßigkeit der Maßnahme zu überprüfen.

IV. Fehlerfolgen

Vorprüfung: Verwaltungsaktsbefugnis 266

Verstoß: Grds. Rechtswidrigkeit (RW); Nichtigkeit nach § 44 I VwVfG praktisch kaum denkbar!

I. (Wirksame) Ermächtigungsgrundlage

Verstoß: Grds. RW; Nichtigkeit nach § 44 I VwVfG praktisch kaum denkbar!

II. Formelle Rechtmäßigkeit

1. Zuständigkeit

a) örtliche Zuständigkeit (§ 3 I VwVfG)

Verstoß: grds. RW; Nichtigkeit im Falle des § 44 II Nr. 3 iVm § 3 I Nr. 1 VwVfG. *Im Falle der RW* Unbeachtlichkeit nach § 46 VwVfG.

b) sachliche Zuständigkeit (fachgesetzliche Bestimmung)

Verstoß: grds. RW; Nichtigkeit nach § 44 I VwVfG in seltenen Fällen.

2. Verfahren, insb.

a) Antrag des Begünstigten (wenn Leistung begehrt wird)

b) Mitwirkung einer anderen Behörde

c) Beteiligungsfehler (§§ 20, 21 VwVfG)

Verstoß: regelmäßig keine Nichtigkeit nach § 44 III Nr. 2 VwVfG; ggf. unbeachtlich nach § 46 VwVfG

d) Anhörung (§ 28 I VwVfG)

Verstoß: grds. RW; Nichtigkeit nach § 44 I VwVfG praktisch kaum denkbar! *Möglichkeit* der Heilung der RW nach § 45 I Nr. 3, II VwVfG; andernfalls Unbeachtlichkeit nach § 46 VwVfG.

3. Form (§§ 37 II 1, 37 III 1, 39 I VwVfG)

Verstoß: grds. RW; Nichtigkeit im Falle des § 44 II Nr. 1, 2 VwVfG. Im Hinblick auf Begründungspflicht *Möglichkeit* der Heilung der RW nach § 45 I Nr. 2 VwVfG.

III. Materielle Rechtmäßigkeit

Verstoß: grds. RW; Nichtigkeit im (seltenen) Falle des § 44 I VwVfG bzw. in den seltenen Fällen des § 44 II Nr. 4–6 VwVfG.

IV. Rechtsfolge

Verstoß: grds. RW; Nichtigkeit im (seltenen) Falle des § 44 I VwVfG.

V. Zusicherung

267	Zusage	bindende Selbstverpflichtung der Behörde zu einem künftigen Handeln oder Unterlassen.
268	Zusicherung	Zusage auf Erlass eines inhaltlich hinreichend bestimmten künftigen Verwaltungsakts (§ 38 I 1 VwVfG).

269 **A. Ermächtigungsgrundlage**

B. Formelle Rechtmäßigkeit

I. Zuständigkeit

II. Verfahren

1. Anhörung (§ 38 I 2, II, § 28 VwVfG)
2. Mitwirkung anderer Behörden (§ 38 I 2, II VwVfG)

III. Form: Schriftform (§ 38 I 1 VwVfG)

C. Materielle Rechtmäßigkeit

I. Bestimmtheit der Zusicherung (§ 37 I VwVfG)

II. Rechtmäßigkeit des zugesicherten VA

D. Rechtsfolge

Ordnungsgemäße Ermessensausübung

VI. Rücknahme eines Verwaltungsakts

Begünstigender Verwaltungsakt	Verwaltungsakt, der ein Recht oder einen rechtlich erheblichen Vorteil begründet oder bestätigt hat (§ 48 I 2 VwVfG).	**270**
Geldleistung	Leistungen mit eindeutig bestimmtem Geldwert, die beim Adressaten einen Vermögenszuwachs bewirken.	**271**
Sachleistung	Leistungen körperlicher Art mit ähnlichen Wirkungen.	**272**
Arglist	ist gegeben, wenn eine (auch bedingt) vorsätzliche Irreführung darauf gerichtet ist, auf den Erklärungswillen der Behörden einzuwirken.	**273**
Täuschung	liegt bereits vor, wenn der Begünstigte „unrichtige Tatsachen“ vorspiegelt und dabei weiß, dass der zu Täuschende auf diese für ihn bestimmten und maßgeblichen Angaben zurückgreifen will.	**274**
Drohung	liegt vor, wenn dem Adressaten der Drohung ein künftiges Übel in Aussicht gestellt wird, auf das der Drohende Einfluss zu haben vorgibt, um psychischen Zwang auf den Adressaten auszuüben.	**275**
Erwirken iSd Nr. 1	Zweck- und zielgerichtetes Handeln, das auf eine bestimmte (Rechts-)Folge gerichtet und für diese kausal (str.) ist.	**276**
„in wesentlicher Beziehung“	Wesentlichkeit liegt für die Angaben vor, die für die gesetzlichen Tatbestandsmerkmale und die gebotenen Ermessenserwägungen von Bedeutung sind.	**277**
Erwirken iSd Nr. 2	Unrichtigkeit und Unvollständigkeit der Angaben muss für den Erlass/die Fehlerhaf-	**278**

	tigkeit des VA (str.) kausal sein und die Ursache für die fehlerhafte Angabe muss in der Sphäre des Begünstigten liegen.

279 **A. Ermächtigungsgrundlage:** § 48 VwVfG (sofern keine Spezialregelung; bspw. § 15 I GastG, § 35 StAG)

B. Formelle Rechtmäßigkeit

I. Zuständigkeit

1. Örtlich: § 48 V iVm § 3 VwVfG
2. Sachlich: Actus contrarius-Theorie → die für den Erlass zuständige Behörde ist auch für die Aufhebung zuständig (so BVerwG, NJW 2000, 1512 (1513));

   <u>*Ausnahme:*</u> abweichende gesetzliche Regelung; vgl. § 15 III BVFG (vgl. BVerwG, NVwZ-RR 2015, 753 (754))

II. Verfahren (Anhörung gem. § 28 I VwVfG bei Rücknahme begünstigender VA)

III. Form (vgl. insb. § 39 I VwVfG)

C. Materielle Rechtmäßigkeit

I. Rechtswidriger VA

1. VA-Qualität: Realakt (-), Verwaltungsvertrag (-), Zusicherung nach § 38 VwVfG (+) (vgl. Abs. 2; s. auch Abs. 3!); Nebenbestimmung (+) (auch nur „teilweise" Rücknahme möglich)
2. Rechtswidrigkeit (oder Nichtigkeit [str.]): Beurteilung zum Zeitpunkt des VA-Erlasses (s. § 49 II Nr. 3, 4 VwVfG;

   <u>Ausnahme</u> bei VA mit Dauerwirkung? → Mann/Sennekamp/Uechtritz-Suerbaum, VwVfG, § 48 Rn. 48 ff.)

II. Anwendbarkeit der Abs. 2–4 (Abs. 1 S. 2): Begünstigender VA (*andernfalls*: Rücknehmbarkeit nach § 48 I 1 VwVfG bei belastendem VA) → vgl. hier auch § 50 VwVfG

1. Anwendbarkeit des Abs. 2: Leistungsbescheid zur Gewährung von Geld- oder Sachleistung (andernfalls: Anwendbarkeit des Abs. 3 bei sonstigem VA → (nur) Vermögensschutz)

2. Schutzwürdiges Vertrauen
   a) Tatsächliches Vertrauen
   b) Ausschluss der Schutzwürdigkeit (§ 48 II 3 VwVfG)
      aa) Erwirkung durch arglistige Täuschung, Drohung oder Bestechung
      bb) Erwirkung durch Angaben, die in wesentlicher Beziehung unrichtig oder unvollständig waren
      cc) Kenntnis oder grob fahrlässige Unkenntnis von der Rechtswidrigkeit des Verwaltungsakts
   c) Regelvermutung des § 48 II 2 VwVfG
   d) Abwägung gem. § 48 II 1 Hs. 2 VwVfG (zwischen Vertrauensschutz/Rechtssicherheit und Grundsatz der Gesetzmäßigkeit der Verwaltung)
3. Frist: Jahresfrist nach Abs. 4 (gilt nach S. 2 nicht für Fälle des Abs. 2 S. 3 Nr. 1)

D. Rechtsfolge: Ermessen

I. Entschließungsermessen

II. Auswahlermessen

1. *Zeitlich: ex tunc* oder *ex nunc* (vgl. auch § 48 II 4 VwVfG)
2. *Umfänglich:* ganz oder teilweise
3. Ermessensreduzierung? Insb. Haushaltsgrundsatz der Wirtschaftlichkeit und Sparsamkeit

VII. Widerruf eines Verwaltungsakts

A. Ermächtigungsgrundlage: § 49 VwVfG (sofern keine Spezialregelung, zB § 52 VwVfG) **280**

B. Formelle Rechtmäßigkeit

I. Zuständigkeit

1. Örtlich: § 49 V iVm § 3 VwVfG
2. Sachlich: Actus contrarius-Theorie (s. oben)

II. Verfahren (Anhörung gem. § 28 I VwVfG bei Widerruf begünstigender VA)

III. Form (vgl. insb. § 39 I VwVfG)

C. Materielle Rechtmäßigkeit

I. Rechtswidriger oder rechtmäßiger VA

II. Anwendbarkeit der Abs. 2, 3: Begünstigender VA (andernfalls: Widerrufsbarkeit nach § 49 I VwVfG bei belastendem VA) → vgl. hier auch § 50 VwVfG

1. Widerrufsgrund nach Abs. 2 und 3 (betrifft Subventionsbescheide)
2. Frist nach § 49 II 2, III 2 iVm § 48 IV VwVfG

D. Rechtsfolge: Ermessen

I. Entschließungsermessen

II. Auswahlermessen

1. Zeitlich: ex tunc (Abs. 2) oder ex nunc (Abs. 3)
2. Umfänglich: ganz oder teilweise
3. Ermessensreduzierung? Insb. Haushaltsgrundsatz der Wirtschaftlichkeit und Sparsamkeit

VIII. Rückforderungsbescheid

281 **A. Ermächtigungsgrundlage:** § 49a I 1 VwVfG

B. Formelle Rechtmäßigkeit

I. Zuständigkeit

II. Verfahren (Anhörung gem. § 28 I VwVfG)

III. Form

1. Schriftform (§ 49a I 2 VwVfG)
2. Begründung (§ 39 I 1 VwVfG)

C. Materielle Rechtmäßigkeit

I. Aufhebung des VA/Unwirksamwerden aufgrund einer auflösenden Bedingung

II. Mit Wirkung für die Vergangenheit

D. Erstattungsumfang § 49a II VwVfG (→ Rechtsfolgenverweis auf §§ 812 ff. BGB)

I. „Herausgabe des Erlangten“

1. Erbrachte Leistung (§ 812 I 1 BGB)
2. Gezogene Nutzungen (§ 818 I Alt. 1 BGB); insb. Zinsen nach § 49a III VwVfG
3. Surrogate (§ 818 I 2. Alt. BGB)

II. Entreicherung nach § 818 III BGB? → § 49a II 2 VwVfG

IX. Erfolgsaussichten eines Antrags nach § 51 VwVfG

Änderung der Sachlage	Sämtliche tatsächliche Vorgänge die eine Änderung des *entscheidungserheblichen* Sachverhalts zur Folge haben. *Entscheidungserheblich* sind solche Tatsachen, die durch Subsumtion unter die einschlägigen Normen die Entscheidung tragen.	**282**
Rechtslage	Einschlägiges materielles Recht, nicht Rechtsprechung.	**283**
Beweismittel	Erkenntnismittel, die die Überzeugung von der Existenz oder Nichtexistenz von Tatsachen begründen können; zB Urkunden, Zeugenaussagen, Sachverständigengutachten, Augenscheinsobjekte.	**284**
Neu	sind Beweismittel, wenn sie zum Zeitpunkt der Entscheidung nicht existent waren, oder aber, wenn sie zwar vor Erlass des Verwaltungsaktes vorhanden waren, aber ohne grobes Verschulden des Antragstellers nicht oder nicht rechtzeitig in der Verwaltungsverfahren eingebracht werden konnten.	**285**

A. Zulässigkeit **286**

I. Antragstellung

II. bei der zuständigen Behörde (§ 51 IV VwVfG)

III. Unanfechtbarkeit des Erstbescheids (VA)

IV. Schlüssige Geltendmachung eines Wiederaufgreifensgrundes

V. Fehlen eines groben Verschuldens nach § 51 II VwVfG

VI. Wahrung der Antragsfrist (§ 51 III VwVfG)

B. Begründetheit

I. Nachträgliche Änderung der Sach- oder Rechtslage zugunsten des Betroffenen (§ 51 I Nr. 1 VwVfG)

II. Vorliegen neuer den Betroffenen begünstigender Beweismittel (§ 51 I Nr. 2 VwVfG)

III. Wiederaufnahmegründe entsprechend § 580 ZPO

C. Rechtsfolge: Anspruch auf Wiederaufgreifen des Verfahrens

X. Erlass von Nebenbestimmungen

287	Befristung	Vergünstigung oder Belastung, die zu einem späteren Zeitpunkt beginnt, endet oder für einen bestimmten Zeitraum gilt (§ 36 II Nr. 1 VwVfG).
288	Bedingung	Bestimmung, nach der eine Begünstigung oder Belastung bei Eintritt eines zukünftigen noch *ungewissen* Ereignisses beginnt (aufschiebend) oder endet (auflösend) (§ 36 II Nr. 2 VwVfG).
289	Widerrufsvorbehalt	Befugnis der Behörde, durch eine zukünftige Erklärung die Wirksamkeit eines rechtmäßigen VA ganz oder teilweise mit Wirkung für die Zukunft zu beenden, vgl. § 49 II Nr. 1 VwVfG (§ 36 II Nr. 3 VwVfG).
290	Auflage	Bestimmung, die zu einem begünstigenden VA hinzutritt und durch die dem Begünstigten ein Tun, Dulden oder Unterlassen vorgeschrieben wird (§ 36 II Nr. 4 VwVfG).
291	Auflagenvorbehalt	Befugnis der Behörde, nachträgliche Auflagen zu erlassen (§ 36 II Nr. 5 VwVfG).

A. Ermächtigungsgrundlage: § 36 I VwVfG 292

B. Formelle Rechtmäßigkeit

I. Zuständigkeit der Behörde, die über den Haupt-VA zu entscheiden hat

II. Verfahren: Anhörung nach § 28 I VwVfG

III. Form

C. Materielle Rechtmäßigkeit

I. Differenzierung zwischen gebundenen und Ermessensverwaltungsakten (§ 36 I VwVfG)

1. Gebundene Entscheidungen: Zulässigkeit nach § 36 I VwVfG

2. Ermessensentscheidungen: Zulässigkeit nach § 36 II VwVfG

II. Zweckbezug der Nebenbestimmung (§ 36 III VwVfG)

– Nebenbestimmungen müssen also insoweit ***sachgerecht*** und ***sachbezogen*** sein, als sie dem Zweck dienen, der mit der maßgeblichen gesetzlichen Regelung verfolgt wird.

– Im Rahmen von Ermessensentscheidungen sind Nebenbestimmungen nur zulässig, wenn sie der Verhinderung, Beseitigung oder Minderung von Nachteilen dienen, die sich sonst aus dem Verwaltungsakt für die Allgemeinheit oder Einzelne ergeben können.

C. Verwaltungsvertrag

I. Wirksamkeit des Verwaltungsvertrags

Verwaltungsvertrag	Vertrag einer Behörde mit einer Privatperson oder einem anderen Verwaltungsträger über einen öffentlich-rechtlichen Gegenstand (= Abgrenzungskriterium zum privatrechtlichen Vertrag).	293

294	Subordinationsrechtlicher Verwaltungsvertrag	Verträge zwischen Parteien, die sonst im Verhältnis der Über-Unterordnung stehen, also insb. zwischen Verwaltung und Bürger. Entgegen dem Wortlaut von § 54 S. 2 VwVfG nicht (!) nur Verträge, die anstelle eines VA geschlossen werden.
295	Koordinationsrechtlicher Verwaltungsvertrag	Verträge zwischen grds. gleichgeordneten Vertragspartnern, insb. wenn Rechtsbeziehungen nicht durch VA geregelt werden könnten (arg. e contr. § 54 S. 2 VwVfG).
296	Austauschvertrag	Vertragspartner der Behörde verpflichtet sich zu einer Gegenleistung. Zu beachten sind besondere Voraussetzungen des § 56 VwVfG.
297	Vergleichsvertrag	Es besteht eine *Ungewissheit* bzgl. tatsächlicher Umstände und rechtlicher Gesichtspunkte, diese kann nicht ohne *erheblichen Aufwand* beseitigt werden und beide Vertragspartner machen *Zugeständnisse*.
298	Verstoß gegen die guten Sitten	Liegt vor, wenn dem Vertrag aus Sicht aller billig und gerecht Denkenden der „Stempel der Verwerflichkeit“ aufgedrückt ist.
299	Qualifizierter Verstoß	Liegt vor, wenn ein Verstoß gegen eine zwingende Rechtsnorm vorliegt, diese Norm die Herbeiführung des vertraglich vereinbarten Erfolgs schlechthin ausschließt und durch den Vertrag öffentliche Belange oder Interessen von einigem Gewicht beeinträchtigt werden (Lit.).

300 **A. Verwaltungsvertrag iSd §§ 54 ff. VwVfG**

I. Einvernehmliche Regelung (↔ mitwirkungsbedürftiger Verwaltungsakt)

II. auf dem Gebiet des öffentlichen Rechts (↔ privatrechtliche Vereinbarung)

III. Vorliegen eines Verwaltungsvertrags (vgl. § 9 VwVfG)

B. Zulässigkeit der Handlungsform

(–) bei speziellen gesetzlichen Verboten oder wenn der Kontext einer Regelung ergibt, dass der Regelungszweck nur durch VA erreicht werden kann.

Beispiele: § 155 I AO: Steuern werden durch Steuerbescheid festgesetzt (gilt nach h.M. auch für sonstige Abgabenfestsetzungen); § 49a I 2 VwVfG: „ist durch schriftlichen Verwaltungsakt festzusetzen".

C. Formelle Wirksamkeit

I. Wirksame Einigung: durch Angebot und Annahme gem. § 62 S. 2 VwVfG iVm §§ 145 ff. BGB; Anwendbarkeit der §§ 116 ff. BGB (insb. §§ 119 ff. BGB über die Anfechtung von WE); bei Stellvertretung: § 62 S. 1 VwVfG iVm §§ 14 ff. VwVfG bzw. ergänzend § 62 S. 2 VwVfG iVm §§ 164 ff. BGB

II. Zuständige Behörde

1. Sachliche Zuständigkeit (richtet sich nach Fachrecht)
2. Örtliche Zuständigkeit (§ 3 VwVfG)

III. Zustimmung Dritter oder von Behörden (§ 58 VwVfG)

1. Notwendige Mitwirkung Dritter (§ 58 I VwVfG), wenn diese durch Vertrag in ihrer Rechtsposition betroffen sind
2. Zustimmung anderer Behörden (§ 58 II VwVfG)
3. Schriftform (§ 57 VwVfG)

D. Materielle Wirksamkeit

I. Nichtigkeit nach § 59 II VwVfG

1. Anwendbarkeit: Subordinationsrechtlicher Vertrag (§ 54 S. 2 VwVfG)
2. Tatbestände

   a) Nr. 1: Nichtigkeit eines VA mit entsprechendem Inhalt (vgl. § 44 VwVfG)

   b) Nr. 2: Kenntnis der Parteien von der RW des Vertrages

   c) Nr. 3: Fehlen der Voraussetzungen für den Abschluss eines Vergleichsvertrags (§ 55 VwVfG)

      aa) Voraussetzungen eines subordinationsrechtlichen Vertrags sind gegeben, bb) Ungewissheit über den Sachverhalt beziehungsweise die Rechtslage,

cc) Vertragsschluss beinhaltet ein gegenseitiges Nachgeben,

dd) Zweckmäßigkeit eines Vergleichsschlusses ist gegeben

d) Nr. 4: Versprechen einer unzulässigen Gegenleistung beim Austauschvertrag (§ 56 VwVfG)

aa) bestimmter Zweck (Abs. 1 S. 1)

bb) Erfüllung öffentlicher Aufgaben (Abs. 1 S. 1)

cc) Angemessenheit (Abs. 1 S. 2)

dd) Koppelungsverbot (Abs. 1 S. 2): sachlicher Zusammenhang zwischen Leistung und Gegenleistung

ee) Zulässigkeit bei Anspruch auf Leistung der Behörde (Abs. 2)

2. Nichtigkeit nach § 59 I VwVfG iVm BGB, insb.

a) § 138 Abs. 1 BGB „Verstoß gegen die guten Sitten“

b) § 134 BGB: Verstoß gegen Verbotsnorm (nach h.M. nur in Fällen „qualifizierter Rechtsverletzung“)

II. Durchsetzbarkeit des Anspruchs

301 **A. Wirksamkeit des Verwaltungsvertrags** (vgl. Rn. 300)

B. Anspruch untergegangen?

I. Wegfall der Geschäftsgrundlage (§ 60 VwVfG)

II. Rechtsvernichtende Einwendungen (§ 62 S. 2 VwVfG iVm BGB)

C. Anspruch durchsetzbar

Rechtshemmende Einreden (§ 62 S. 2 VwVfG iVm BGB)

D. Verwaltungsvollstreckung

I. Gestrecktes Verfahren

Festsetzung	Anordnung der Vollzugsbehörde, dass das Zwangsmittel nun angewendet werden soll.	**302**
Ersatzvornahme	Vornahme einer geschuldeten (vertretbaren) Handlung anstelle des Handlungspflichtigen auf dessen Kosten. *Vertretbar* ist eine Handlung, wenn sie auch von einem Dritten vorgenommen werden kann.	**303**
Zwangsgeld	Mittel zur zwangsweisen gerichtlichen oder behördlichen Durchsetzung von Verhaltenspflichten, die der Verpflichtete selbst erfüllen kann.	**304**
Zwangshaft	Subsidiär zur Verhängung eines Zwangsgeldes anwendbar.	**305**

A. Ermächtigungsgrundlage[5] **306**

B. Formelle Rechtmäßigkeit

I. Zuständigkeit: Zuständige Vollstreckungsbehörde ist die Behörde, die Grund-VA erlassen hat.[6]

II. Verfahren

1. Androhung des Zwangsmittels[7] (selbständiger VA, der bereits mit Grundverfügung verbunden werden kann)
   – grds. schriftlich[8]

---

[5] Richtet sich nach dem jeweiligen Landesrecht. Für NRW § 50 I PolG/§ 55 I; für Bayern Art. 53 I PAG/Art. 29 I VwZVG; für Baden-Württemberg § 49 I PolG iVm § 18 VwVG (jeweils iVm der jeweils einschlägigen Ermächtigungsgrundlage der Grundverfügung).

[6] Richtet sich nach dem jeweiligen Landesrecht. Für NRW § 56 I VwVG (gilt mangels speziellerer Regelung im PolG auch für Polizei); für Baden-Württemberg § 4 VwVG iVm § 49 I PolG (für unmittelbaren Zwang §§ 51, 49 II PolG); für Bayern Art. 30 I VwZVG.

[7] Richtet sich nach dem jeweiligen Landesrecht. Für NRW § 56 PolG/§ 63 VwVG; für Baden-Württemberg §§ 20 VwVG, 49 I PolG (für unmittelbaren Zwang §§ 52 II, 49 II PolG); für Bayern Art. 59 PAG/Art. 36 VwZVG.

[8] Richtet sich nach dem jeweiligen Landesrecht. Für NRW § 56 I 1 PolG; für Baden-Württemberg §§ 20 I 1 VwVG, 49 I PolG; für Bayern Art. 59 I 1 PAG.

– grds. mit Fristsetzung[9]

– in Ausnahmefällen entbehrlich[10]

2. Ggf. Festsetzung[11]
3. Anhörung grds. entbehrlich gem. § 28 II Nr. 5 VwVfG
4. Begründung gem. § 39 I VwVfG

C. Materielle Rechtmäßigkeit

I. Vollstreckbare Grundverfügung

1. Wirksame Grundverfügung
2. Vollstreckbarkeit

a) VA mit Verfügungscharakter (auf ein Tun, Dulden oder Unterlassen gerichtet)

b) Unanfechtbarkeit (→ §§ 70, 74 VwGO evtl. iVm § 58 II VwGO) oder sofortige Vollziehbarkeit des VA (→ § 80 II 1 (i.d.R. Nr. 2) VwGO)[12]; nach h.M. kein Rechtmäßigkeitserfordernis (umstr. im Fall der sofortigen Vollziehbarkeit)

II. Nichtbefolgung der Verfügung

III. Verantwortlichkeit des Adressaten

D. Fehlerfreie Ermessensausübung (§ 40 VwVfG)

I. Entschließungsermessen

II. Störerauswahlermessen

III. Gestaltungsermessen

1. Richtiges Zwangsmittel: Ersatzvornahme bei vertretbaren Handlungen; Zwangsgeld bei unvertretbaren Handlungen; unmittelbarer Zwang nur ultima ratio
2. Verhältnismäßigkeit

---

[9] Richtet sich nach dem jeweiligen Landesrecht. Für NRW § 56 I 2 PolG; für Baden-Württemberg §§ 20 I 2 VwVG, 49 I PolG; für Bayern Art. 59 I 2 PAG.

[10] Richtet sich nach dem jeweiligen Landesrecht. Für NRW § 56 I 3 PolG; für Baden-Württemberg §§ 21 VwVG, 49 I PolG; für Bayern Art. 59 I 3 PAG.

[11] Richtet sich nach dem jeweiligen Landesrecht. Für NRW § 64 VwVG, keine Festsetzung nach PolG; für Baden-Württemberg und Bayern keine Festsetzung.

[12] Richtet sich nach dem jeweiligen Landesrecht. Für NRW § 50 I Alt. 1, 2 PolG; für Baden-Württemberg §§ 2 Nr. 1, 2 VwVG, 49 I PolG; für Bayern Art. 53 I Alt. 1, 2 PAG.

II. Sofortvollzug

A. Ermächtigungsgrundlage[13] 307

B. Formelle Rechtmäßigkeit

I. Zuständigkeit: Zuständige Vollstreckungsbehörde ist die Behörde, die Grund-VA erlassen dürfte.[14]

II. Verfahren

1. Anhörung entbehrlich (§ 28 II Nr. 5 VwVfG; ebenso Androhung des Zwangsmittels[15])

2. Festsetzung des Zwangsmittels: entbehrlich[16]

C. Materielle Rechtmäßigkeit

I. Fehlen einer tatsächlichen Grundverfügung

II. Handeln innerhalb der Befugnisse: Rechtmäßigkeit des hypothetischen Grundverwaltungsaktes

1. Ermächtigungsgrundlage

2. Formelle Rechtmäßigkeit: Praktisch reduziert auf die Zuständigkeit

3. Materielle Rechtmäßigkeit

III. Gegenwärtige Gefahr: Gefahr hat sich bereits realisiert oder ihre Realisierung steht unmittelbar bevor: Betonung des Zeitmoments. Entscheidend ist, dass eine Vollstreckung im gestreckten Verfahren nicht gleich effektiv oder unmöglich wäre.

IV. Erforderlichkeit des Zwangs zur Abwehr dieser Gefahr

D. Rechtsfolge: Fehlerfreie Ermessensausübung (§ 40 VwVfG)

Tlw. ist nach Polizeirecht daneben die sog. unmittelbare Ausführung vorgesehen; vgl. hierzu unter Rn. 356 ff.

---

[13] Richtet sich nach dem jeweiligen Landesrecht. Für NRW 50 II PolG/ § 55 II VwVG; für Baden-Württemberg §§ 8 I VwVG, 49 I PolG; für Bayern Art. 53 II PAG (jeweils iVm der jeweils einschlägigen Ermächtigungsgrundlage der Grundverfügung).

[14] Richtet sich nach dem jeweiligen Landesrecht. Für NRW § 56 I VwVG (gilt mangels speziellerer Regelung im PolG auch für Polizei); für Baden-Württemberg §§ 4 VwVG, 49 I PolG; für Bayern Art. 30 I VwZVG.

[15] Richtet sich nach Landesrecht. Für NRW § 56 I 3 PolG/§ 63 I 5 VwVG; für Baden-Württemberg §§ 221 VwVG, 49 I PolG; für Bayern Art. 59 I 3 PAG.

[16] S. bspw. § 64 S. 2 VwVG NRW.

III. Kostenbescheid im Vollstreckungsverfahren

308 **A. Ermächtigungsgrundlage**[17]

B. Formelle Rechtmäßigkeit

I. Zuständigkeit: Vollzugsbehörde[18]

II. Verfahren: Anhörung (§ 28 I VwVfG)

III. Form: richtet sich nach Landesrecht[19]

C. Materielle Rechtmäßigkeit: Rechtmäßigkeit des Vollzugs

I. Ermächtigungsgrundlage für den Vollzug

II. Formelle Rechtmäßigkeit des Vollzugs (vgl. oben)

III. Materielle Rechtmäßigkeit des Vollzugs

1. Vollstreckbare Grundverfügung

a) Wirksame Grundverfügung (vgl. oben)

b) Vollstreckbarkeit

c) Rechtmäßige Grundverfügung (str.)

2. Nichtbefolgung der Verfügung

3. Verantwortlichkeit des Adressaten („Störer")

4. Fehlerfreie Ermessensausübung (§ 40 VwVfG im Hinblick auf Vollstreckung)

IV. Rechtmäßigkeit des Leistungsbescheids im Übrigen

1. Kostenhöhe

2. Bestätigung/Nichtbestätigung des Gefahrenverdachts

Daneben bestehen noch besondere Kostenansprüche aus Polizeirecht (Nichtstörerinanspruchnahme).

---

[17] Richtet sich nach Landesrecht. Für NRW § 77 VwVG iVm §§ 15, 20 VO VwVG/§ 46 III PolG bzw. § 52 I 2 PolG iVm § 77 VwVG, §§ 15, 20 VO VwVG; für Baden-Württemberg § 31 VwVG/§ 8 II bzw. § 49 I PolG iVm § 31 VwVG iVm § 8 I Nr. 8 LVwVGKO; für Bayern Art. 41 I 1 VwZVG iVm Art. 1 I 1 BayKG/Art. 9 II bzw. Art. 55 I 2 bzw. Art. 58 III 1 PAG.

[18] Für NRW § 20 II VO VwVG; für Baden-Württemberg § 31 VI VwVG iVm § 4 I GebG; für Bayern Art. 1 I 1 BayKG.

[19] Für NRW schriftlich oder schriftlich bestätigt nach § 77 IV 1 VwVG iVm § 14 I 2 GebG; für BW und Bayern kein Formerfordernis.

E. Staatshaftungsrecht

I. Amtshaftungsanspruch

Beliehene	Personen des Privatrechts, die einzelne hoheitliche Aufgaben zur Wahrnehmung im eigenen Namen übertragen bekommen haben.	**309**
Verwaltungshelfer	Unselbstständig handelnde Person des Privatrechts, die nach Auftrag und Weisung handelt.	**310**
Amtspflicht	Persönliche Verhaltenspflichten der Beamten in Bezug auf ihre Amtsführung.	**311**

A. Anspruchsgrundlage: § 839 BGB iVm Art. 34 GG **312**

B. Tatbestandsvoraussetzungen

I. Handeln in Ausübung eines öffentlichen Amtes

1. Hoheitliches (= öffentlich-rechtliches) Handeln (↔ privatrechtliches Handeln)

2. Handlungssubjekt: „Jemand“, d.h. Beamter im statusrechtlichen Sinn; Angestellte und Arbeiter des öffentlichen Dienstes; Ratsmitglieder, Minister, Parlamentsabgeordnete; Beliehene; Verwaltungshelfer; Privater Werk- und Dienstunternehmer (str.)

3. „In Ausübung“: innerer und äußerer Zusammenhang zwischen Verletzungshandlung und dem Dienst des Amtswalters → nicht nur bei Gelegenheit

II. Drittbezogene Amtspflichtverletzung

1. Amtspflichtverletzung: Unterlassen der notwendigen Sicherungsmaßnahmen

2. Drittbezogenheit: Schutz von Individual- oder nur Allgemeininteressen

   a) persönlich: Gehört der Geschädigte zum geschützten Personenkreis?

   b) sachlich: Soll die Amtspflicht gerade diesen Schaden schützen?

III. Verschulden des Amtswalters: Maßstab ist pflichtgetreuer Durchschnittsbeamter

IV. Zurechenbarer Schaden: Adäquanz

V. Kein Haftungsausschluss

1. Subsidiaritätsklausel (§ 839 I 2 BGB)
2. Rechtsmittelversäumnis (§ 839 III BGB)
3. Mitverschulden (§ 254 BGB)
4. Sonderfall Rechtsprechung: Richterspruchprivileg (§ 839 II BGB)

VI. Kein Haftungsausschluss

C. Rechtsfolge

I. Folge: Art und Umsatz des Schadensersatzes

Nach §§ 249 ff. BGB nur Geldersatz, § 253 II auch Schmerzensgeld.

II. Haftender Hoheitsträger: Maßgeblichkeit des Hoheitsträgers, der dem Amtswalter die zu erfüllende Aufgabe anvertraut hat, d.h. ihm die Möglichkeit der Einwirkung auf das geschädigte Rechtsgut eröffnet hat (sog. Anvertrauenstheorie, h.M.)

II. Ansprüche aus Eigentum

1. Enteignungsentschädigung

313	Enteignung	Teilweiser oder vollständiger Entzug *konkret-individueller* vermögenswerter Rechtspositionen durch gezielten hoheitlichen Rechtsakt zur Erfüllung öffentlicher Aufgaben (Ablösung der Sonderopfer- und Schweretheorie).

314 **A. Anspruchsgrundlage: Art. 14 III GG**

B. Tatbestandsvoraussetzungen

I. Einfach-gesetzliche Entschädigungsregel (Art. 14 III 2 GG)

II. Rechtmäßige Enteignung

C. Rechtsfolge

2. Enteignungsgleicher Eingriff

Eigentum	alle vermögenswerten Rechte, die dem Berechtigten von der Rechtsordnung in der Weise zugeordnet sind, dass dieser die damit verbundenen Befugnisse nach eigenverantwortlicher Entscheidung zu seinem privaten Nutzen ausüben darf.	**315**
Unmittelbarkeit	In dem Schaden hat sich eine für die hoheitliche Betätigung typische Gefahr konkretisiert (=wertende Zurechnung, BGHZ 125, 19 [21]).	**316**

A. Anspruchsgrundlage **317**

B. Tatbestandsvoraussetzungen

I. Hoheitliches Handeln: Jede öffentlich-rechtliche Beeinträchtigung des Eigentums, die auf einem positiven Tun beruht (Rspr.).

II. Beeinträchtigung des Eigentums

III. Unmittelbarkeit

IV. Gemeinwohlbezug (str.)

V. Rechtswidrigkeit

VI. Sonderopfer (liegt in der Rechtswidrigkeit)

VII. Ausschlussgründe

1. Mitverschulden (vgl. § 254 BGB)
2. Verjährung (analog § 195 iVm § 199 I BGB; § 199 IV BGB)

C. Rechtsfolge

3. Enteignender Eingriff

Sonderopfer	Für den Betroffenen wird die Zumutbarkeitsgrenze (Opfergrenze) überschritten, d.h. Eingriff und seine unmittelbaren Folgen wiegen derart schwer, dass eine entschädigungslose Hinnahme unzumutbar ist.	**318**

319 **A. Anspruchsgrundlage**

B. Tatbestandsvoraussetzungen

I. Hoheitliches Handeln: Jede öffentlich-rechtliche Beeinträchtigung des Eigentums, die auf einem positiven Tun beruht (Rspr.).

II. Beeinträchtigung des Eigentums

III. Unmittelbarkeit

IV. Rechtmäßigkeit

V. Sonderopfer

VI. Ausschlussgründe

C. Rechtsfolge

III. Entschädigungspflichtige Inhalts- und Schrankenbestimmung

320	Inhalts- und Schrankenbestimmung:	jede (gesetzliche) Beeinträchtigung des Eigentums, die nicht Enteignung ist.

321 **A. Anspruchsgrundlage: Art. 14 I 2 GG**

B. Tatbestandsvoraussetzungen

I. Rechtmäßige Inhalts- und Schrankenbestimmung

II. Besondere Einzelfallbelastung

C. Rechtsfolge

IV. Aufopferung

322 **A. Anspruchsgrundlage: Gewohnheitsrecht** (vgl. auch Art. 74, 75 PreußALR)

B. Tatbestandsvoraussetzungen

I. Öffentlich-rechtliches Handeln

II. Eingriff in ein immaterielles Recht (Leben, Gesundheit, persönliche Freiheit (→ Art. 2 II GG); nicht andere immaterielle Rechte)

III. Unmittelbarkeit: in Eingriff konkretisiert sich eine für die hoheitliche Betätigung typische Gefahr

IV. Gemeinwohlbezug des Eingriffs

V. Sonderopfer: unübliche und wegen ihrer Schwere unzumutbare Belastung (im Vergleich zu den Belastungen der übrigen Bürger)

VI. Vermögensschaden

VII. Ausschlussgründe

1. Mitverschulden (§ 254 BGB)
2. Verjährung: analog § 195 iVm § 199 I BGB nach der regelmäßigen dreijährigen Frist, absolute Verjährung analog § 199 IV BGB 10 Jahre; § 199 II, III BGB nicht entsprechend anwendbar, da nur Entschädigungs-, kein Schadensersatzanspruch.

C. Rechtsfolge

V. Folgenbeseitigungsanspruch

A. Anspruchsgrundlage: § 1004 BGB analog, Art. 20 III GG (str., kann aber dahinstehen, weil allgemein anerkannt) **323**

B. Tatbestandsvoraussetzungen

I. Öffentlich-rechtliches Handeln

1. Handeln oder Unterlassen, wenn ein von der Behörde geschaffener Zustand, der zunächst rechtmäßig war, infolge Fristablaufs/Eintritts einer auflösenden Bedingung/Wegfall der materiellen Eingriffsvoraussetzungen rechtswidrig geworden ist.
2. Öffentlich-rechtlich

II. Eingriff in ein subjektives öffentliches Recht (insb. Grundrechte)

III. Schaffung eines rechtswidrigen, noch andauernden Zustands

Beim Vollzugsfolgenbeseitigungsanspruch muss der vollzogene VA zwischenzeitlich aufgehoben worden oder nichtig sein; sonst bildet VA Rechtsgrundlage des angeblich rechtswidrigen Zustandes und legalisiert diesen.

V. Unmittelbare Folge des öffentlich-rechtlichen Handelns

VI. Wiederherstellung möglich und zumutbar

1. Tatsächlich möglich
2. Rechtlich möglich
3. Zumutbarkeit: unverhältnismäßiger Aufwand (+), wenn krasses Missverhältnis zwischen Wiederherstellungsaufwand und Eingriff (BVerwG, DVBl. 2004, 1493)

VII. Mitverschulden: (§ 254 BGB analog, h.M.: FBA wandelt sich in einen – dann nach § 254 BGB analog gekürzten – Entschädigungsanspruch (§ 251 I BGB) = Folgenentschädigungsanspruch)

C. Rechtsfolge

VI. Öffentlich-rechtlicher Erstattungsanspruch

324 **I. Anspruchsgrundlage**

1. Spezialgesetzliche Anspruchsgrundlagen: § 49a VwVfG im Falle der rückwirkenden Unwirksamkeit eines VA; § 12 BBesG; § 52 BeamtVG; § 84a BBG (Besoldung/Versorgungsbezüge); § 37 II AO (Steuern); § 50 SGB X
2. Gewohnheitsrechtliche Anerkennung: Analogie zu §§ 812 ff. BGB

II. Tatbestandsvoraussetzungen

1. Vermögensverschiebung zwischen zwei Rechtssubjekten
2. durch Leistung oder in sonstiger Weise
3. ohne Rechtsgrund

   a) Fallgruppe 1: VA aufgehoben → Spezialfall des § 49a I VwVfG

   b) Fallgruppe 2: VA wird nachträglich unwirksam → Spezialfall des § 49a VwVfG

   c) Fallgruppe 3: Nichtigkeit des VA (+)

   d) Fallgruppe 4: Rechtswidrigkeit des VA (-)

   e) Fallgruppe 5: Nichtigkeit des Verwaltungsvertrags

f) Fallgruppe 6: Unwirksamkeit einer rechtsbegründenden Norm wegen Unvereinbarkeit mit höherrangigem Recht

4. aufgrund eines (zumindest vermeintlich) öffentlich-rechtlichen Leistungsverhältnisses (BVerwGE 84, 274 [276])

III. Rechtsfolge

1. Herausgabe des Erlangten (vgl. § 812 I BGB)
2. Herausgabe tatsächlich gezogener Nutzungen (s. § 818 I Hs. 1 BGB), Surrogat (§ 818 I Hs. 2 BGB), Wertersatz (§ 818 II BGB)
3. Einwand der Entreicherung (str. für Staat)

VII. Ansprüche aus öffentlich-rechtlichem Schuldverhältnis

1. § 280 I BGB analog

I. Anspruchsgrundlage: § 280 I BGB analog 325

II. Anspruchsvoraussetzungen

1. Verwaltungsrechtliches Schuldverhältnis
   a) Verwaltungsvertrag iSd § 54 S. 1 VwVfG (s. auch § 62 S. 2 VwVfG)
   b) im Vorfeld des Vertragsabschlusses (§§ 280 I, 311 II iVm § 241 II BGB analog [c.i.c.])
   c) öffentlich-rechtliche GoA (§§ 683 S. 1, 670 BGB analog)
   d) Öffentlich-rechtliches Verwahrungsverhältnis (in § 40 II 1 VwGO ausdrücklich genannt: materiell-rechtliche Existenz wird vorausgesetzt;
   Anwendungsfälle: Sicherstellung und Verwahrung nach Polizeirecht[20] oder Beschlagnahme nach §§ 94 ff. StPO)
2. Pflichtverletzung
3. Verschulden

III. Rechtsfolge

[20] Richtet sich nach Landesrecht. Für NRW §§ 43 ff. PolG; für Baden-Württemberg §§ 32 ff. PolG; für Bayern Art. 25 ff. PAG.

2. Öffentlich-rechtliche GoA

326 **I. Anspruchsgrundlage: §§ 683 S. 1, 670 BGB analog**

II. Tatbestandsvoraussetzungen

1. Anwendbarkeit der öffentlich-rechtlichen GoA
2. Fremdes Geschäft
3. Fremdgeschäftsführungswille
4. Ohne Auftrag oder sonstige Berechtigung
5. Interesse oder Wille des Geschäftsherrn

III. Rechtsfolge

Fünfter Abschnitt: Besonderes Verwaltungsrecht

A. Polizeirecht

I. Polizeiliche Einzelfallanordnung

Öffentliche Sicherheit	Unverletzlichkeit der *objektiven Rechtsordnung*, der *subjektiven Rechte und Rechtsgüter* des Einzelnen (insb. Gesundheit, Ehre, Freiheit, Vermögen) sowie der *Einrichtungen und Veranstaltungen* des Staates oder sonstiger Träger der Hoheitsgewalt. Die *objektive Rechtsordnung* umfasst alle Normen des öffentlichen und privaten Rechts. Der Begriff der *Einrichtungen des Staates* umfasst sowohl den räumlich-gegenständlichen Bereich der Staatseinrichtungen als auch das ungestörte Funktionieren der staatlichen Organe und Einrichtungen (nur Schutz vor äußerer Störung; physische Mittel, nicht lediglich Kritik).	**327**
Öffentliche Ordnung	Gesamtheit der ungeschriebenen Regeln für das Verhalten des Einzelnen in der Öffentlichkeit, deren Beachtung nach den jeweils herrschenden Anschauungen als unerlässliche Voraussetzung eines geordneten staatsbürgerlichen Zusammenlebens betrachtet wird.	**328**
Gefahr	Sachlage, die bei ungehindertem Ablauf des Geschehens in absehbarer Zeit mit hinreichender Wahrscheinlichkeit zu einem Schaden für die öffentliche Sicherheit und Ordnung führen würde.	**329**
Konkrete Gefahr	Entsteht aus einzelnem realen Lebensvorgang; lässt Schaden im Einzelfall innerhalb überschaubarer Zukunft mit Wahrscheinlichkeit erwarten (→ Einzelfallanordnung).	**330**
Abstrakte Gefahr	Beschreibt Gefährlichkeit eines gedachten Sachverhalts; es wird abgestellt auf Arten von Zuständen oder Verhaltensweisen, aus denen	**331**

		typischerweise mit Wahrscheinlichkeit Gefahren hervorgehen (→ Polizeiverordnung).
332	Gegenwärtige Gefahr	Liegt vor, wenn die Einwirkung des schädigenden Ereignisses bereits begonnen hat oder wenn diese Einwirkung unmittelbar oder in allernächster Zeit mit an Sicherheit grenzender Wahrscheinlichkeit bevorsteht.
333	Erhebliche Gefahr	Ist die Gefahr für ein bedeutendes Rechtsgut.
334	Dringende Gefahr	Droht einem wichtigen Rechtsgut, ohne dass die Störung bereits eingetreten zu sein oder unmittelbar bevorzustehen braucht.
335	Gemeine Gefahr	Besteht für eine unbestimmte Zahl von Personen oder Sachen.
336	Gefahr im Verzug	Liegt vor, wenn die grds. vorgeschriebene Einschaltung einer Behörde oder des Richters nicht rechtzeitig vor Eintritt des zu erwartenden Schadens möglich ist.
337	Anscheinsgefahr	Situation, in der bei objektiver Betrachtung für den idealtypischen Durchschnittsbeamten eine Gefahr zu bestehen scheint, ohne allerdings in Wirklichkeit vorhanden zu sein.
338	Scheingefahr/Putativgefahr	Liegt vor, wenn es im Zeitpunkt der Maßnahme an objektiven Anhaltspunkten für eine Gefahr fehlt.
339	Gefahrenverdacht	Liegt vor, wenn die Behörde über das Vorliegen einer Gefahr im ungewissen ist, jedoch bei verständiger Würdigung und hinreichender Sachverhaltsaufklärung Anhaltspunkte für das Vorhandensein einer Gefahr sprechen.
340	Verhaltensstörer	Störer ist, wer die Gefahr oder Störung *unmittelbar* verursacht (h.M.). Nach der herrschenden *Theorie der unmittelbaren Verursachung* ist verhaltensverantwortlich, wer durch sein Verhalten die polizeiliche Gefahrenschwelle überschreitet und dadurch die hinreichende Wahrscheinlichkeit des Schadenseintritts begründet oder erhöht.
341	Zustandsstörer	Verantwortlichkeit für den Zustand einer Sache/das Verhalten eines Tieres als Eigentümer, Inhaber der tatsächlichen Gewalt.

Wichtig: Den im Aufgabentext beschriebenen Handlungsablauf zerlegen nach Handlungsebenen (Primärmaßnahme oder Zwangsmittel?) und Maßnahmen mit jeweils selbständigem Regelungscharakter (Gebot/Verbot: welche typisierten oder nicht typisierten Maßnahmen stecken darin?). Für jede Einzelmaßnahme – auch wenn im Handlungszusammenhang mit anderen – nachfolgende Prüfung: **342**

A. Ermächtigungsgrundlage **343**

I. Spezialermächtigung außerhalb des Polizei- und Ordnungsrechts (zB § 15 I VersG)

II. Standardmaßnahme: Maßnahmen zum Zwecke der Platzverweisung, der Ingewahrsamnahme, der Sicherstellung etc.

III. Generalklausel[21] (je nach Handelndem aus Polizei- oder Ordnungsrecht)

B. Formelle Rechtmäßigkeit, insb.

I. Zuständigkeit

1. Sachliche Zuständigkeit[22] (hier auch Abgrenzung zwischen Polizei- und Ordnungsbehörden)

2. Örtliche Zuständigkeit[23]

II. Anhörung (beachte: § 28 II Nr. 1, 4 VwVfG)

III. Form (§ 37 II 1, 2; § 39 I 1 VwVfG; ggf. sonstige landesrechtliche Vorgaben)[24]

C. Materielle Rechtmäßigkeit (exemplarisch für Generalklausel)

I. Schutz der öffentlichen Sicherheit und Ordnung

II. Konkrete Gefahr (auch Anscheinsgefahr, Gefahrenverdacht, nicht nur Scheingefahr) eines Schadenseintritts

---

[21] Richtet sich nach Landesrecht. Für NRW § 8 I PolG NRW bzw. § 14 I OBG NRW; für Baden-Württemberg § 3 PolG BW; für Bayern Art. 11 I PAG bzw. Art. 6 LStVG.

[22] Richtet sich nach Landesrecht. Für NRW § 1 I 1, 3 PolG NRW, § 10 POG NRW bzw. § 5 OBG NRW, sofern keiner Behörde speziell zugewiesen; für Baden-Württemberg § 66 PolG BW; für Bayern Art. 3 I POG BY, Art. 2, 3 PAG.

[23] Richtet sich nach Landesrecht. Für NRW § 7 POG NRW bzw. § 4 OBG NRW; für Baden-Württemberg § 68 PolG BW; für Bayern Art. 3 I POG BY.

[24] Für NRW § 20 I OBG NRW: grds. Schriftform bei Handeln der Ordnungsbehörden; für Baden-Württemberg und Bayern keine Besonderheiten.

III. Richtiger Adressat

1. Handlungs- oder Zustandsstörer[25]

2. Ggf. Rechtsnachfolger

3. Nichtstörer[26]

IV. Bestimmtheit (§ 37 I VwVfG)

D. Rechtsfolge

I. Gebundene Entscheidung

II. Ermessensentscheidung (so im Falle der Generalklausel): Pflichtgemäße Ausübung des Ermessens[27] → *Suche nach Ermessensfehlern*: Ermessensüberschreitung, Ermessensnichtgebrauch, Ermessensfehlgebrauch (Zweckverfehlung, Grundrechtsverletzung, insb. Unverhältnismäßigkeit)[28]

1. Entschließungsermessen

2. Auswahlermessen

a) Mittelauswahl

b) Störerauswahl (insb.: subsidiäre Inanspruchnahme des Nichtstörers)

II. Platzverweis

344	Aufenthalt	Vorübergehendes Verweilen
345	Platzverweisung	*Vorübergehende* Verweisung einer Person von dem Ort, an dem sie sich befindet, und das Verbot des Betretens eines Ortes.

[25] Richtet sich nach Landesrecht. Für NRW §§ 4, 5 PolG NRW bzw. §§ 17, 18 OBG NRW; für Baden-Württemberg §§ 6, 7 PolG BW; für Bayern Art. 7, 8 PAG bzw. Art. 9 I, II LStVG.

[26] Richtet sich nach Landesrecht. Für NRW § 6 PolG NRW bzw. § 19 OBG NRW; für Baden-Württemberg § 9 PolG BW; für Bayern Art. 10 PAG bzw. Art. 9 III LStVG.

[27] Richtet sich nach Landesrecht. Für NRW § 3 PolG NRW bzw. § 16 OBG NRW; für Baden-Württemberg § 3 Hs. 2 PolG BW; für Bayern Art. 5 PAG.

[28] Richtet sich nach Landesrecht. Für NRW § 2 PolG NRW bzw. § 15 OBG NRW; für Baden-Württemberg § 5 PolG BW; für Bayern Art. 4 PAG bzw. Art. 8 LStVG.

III. Ingewahrsamnahme

Gewahrsam	Zeitlich befristetes Festhalten einer Person an einem eng umgrenzten Ort gegen oder ohne ihren Willen.	**346**

IV. Durchsuchung von Personen

Durchsuchung	Suche zum Zwecke der Auffindung körperfremder Gegenstände.	**347**

V. Durchsuchung von Sachen

Sache	Jeder körperliche Gegenstand mit Ausnahme der am Körper befindlichen Kleidungsstücke und deren Inhalt.	**348**

VI. Betreten und Durchsuchung von Wohnungen

Wohnung	Jede tatsächlich bewohnte oder Wohn-, Arbeits-, Betriebs-, oder Geschäftszwecken dienende Räumlichkeit bzw. anderes befriedetes Besitztum.	**349**
Betreten von Wohnungen	Eindringen in die betreffenden Räumlichkeiten bzw. Besitztümer, das Verweilen, sowie einfache Um- und Nachschau.	**350**
Durchsuchen von Wohnungen	Das ziel- und zweckgerichtete Suchen staatlicher Organe nach Personen oder Sachen bzw. das Bestreben, etwas aufzuspüren, was der Inhaber der Wohnung offen zu legen nicht bereit ist (BVerwGE 47, 31 [37]).	**351**

VII. Sicherstellung und Beschlagnahme

Sicherstellung	Behördlicher Entzug der tatsächlichen Verfügungsmacht bzw. Sachherrschaft über eine Sache und Begründung eines öffentlich-rechtlichen Verwahrungsverhältnisses (= amtlicher Gewahrsam iSd § 44 I 1 PolG NRW; Art. 26 I 1 PAG) oder anderweitige Aufbewahrung oder Sicherung (§ 44 I 2 PolG NRW; Art. 26 I 2 PAG).	**352**

353	Verwertung	Realisierung des in der Sache verborgenen finanziellen Wertes (grds. im Wege der öffentlichen Versteigerung).
354	Beschlagnahme	In den meisten Landesgesetzen wird die Beschlagnahme nicht von der Sicherstellung unterschieden. Einzelne Landesgesetze[29] unterscheiden zwischen der Sicherstellung als Begründung polizeilichen Gewahrsams im Interesse des Berechtigten und der Beschlagnahme als Begründung polizeilichen Gewahrsams im öffentlichen Interesse.

VIII. Polizeiverordnung/Ordnungsbehördliche Verordnung

355 **A. Ermächtigungsgrundlage**

I. Spezialermächtigungen (zB § 18 BestG NRW, § 16 LHundG NRW)

II. Polizeiliche/Ordnungsbehördliche Generalermächtigung[30]

B. Formelle Voraussetzungen

I. Zuständigkeit

1. Verbands- bzw. instanzielle Kompetenz: Ministerium, Landes-, Kreis- oder Ortsbehörde[31] in Abhängigkeit von der Radizierung der Gefahr
2. Organkompetenz: Exekutive Spitze[32] oder Vertretung[33]
3. Örtliche Zuständigkeit, zB § 4 OBG NRW

II. Verfahren: Ordnungsgemäßes Verfahren nach GO bzw. KrO (nur für Verordnungen der Kreis- und Ortsordnungsbehörden)

---

[29] So §§ 32 f. PolG BW; §§ 26 f. SächsPolG.

[30] Richtet sich nach Landesrecht. Für NRW §§ 26 ff. OBG NRW; für Baden-Württemberg §§ 10 ff. PolG BW; in Bayern keine Generalermächtigung.

[31] Richtet sich nach Landesrecht. Für NRW §§ 26 I, II, 27 II, III OBG NRW; für Baden-Württemberg § 13 PolG BW; in Bayern abhängig von spezieller Ermächtigungsgrundlage im LStVG.

[32] Richtet sich nach Landesrecht. Für NRW §§ 26, 27 II OBG NRW; für Baden-Württemberg § 13 PolG BW; in Bayern abhängig von spezieller Ermächtigungsgrundlage im LStVG.

[33] Richtet sich nach Landesrecht. Für NRW § 27 IV 1 OBG NRW iVm GO/KrO NRW; für Bayern Art. 42 LStVG.

III. Form[34]

C. Materielle Voraussetzungen

(Inhaltlich müssen Gefahrenabwehrverordnungen den Rahmen der Ermächtigungsgrundlage einhalten; im Folgenden: Generalermächtigung)

I. Abstrakte Gefahr für die öffentliche Sicherheit oder Ordnung

II. Verantwortlichkeit der Verpflichteten (entsprechend polizeilicher Störerverantwortlichkeit)

III. Bestimmtheit der Verordnung[35]

IV. Kein Verstoß gegen höherrangige Normen

1. Verfassung, Europarecht, Bundes- oder Landesrecht
2. Verordnungen höherer Behörden[36]

D. Rechtsfolge: Fehlerfreie Ermessensausübung (§ 40 VwVfG)[37]

IX. Unmittelbare Ausführung

Nur wenn nach Landesrecht Differenzierung nach *Sofortvollzug* und *unmittelbarer Ausführung* vorgesehen ist; so etwa in Bayern; nicht in NRW. Zur Abgrenzung wird darauf abgestellt, ob ein entgegenstehender Wille zu überwinden ist (dann Sofortvollzug) oder nicht (dann unmittelbare Ausführung). **356**

A. Ermächtigungsgrundlage[38] **357**

B. Besondere Voraussetzungen der unmittelbaren Ausführung

I. Abwehr einer konkreten Gefahr

II. Inanspruchnahme des Verantwortlichen nicht möglich, da

1. keine Erreichbarkeit
2. keine rechtzeitige Erreichbarkeit

---

[34] Richtet sich nach Landesrecht. Für NRW § 30 OBG NRW; für Baden-Württemberg § 12 PolG BW; für Bayern Art. 45 II, 50 II 1 LStVG.

[35] Richtet sich nach Landesrecht. Für NRW § 29 I 1 OBG NRW; im Übrigen nach allgemeinen Grundsätzen.

[36] Für NRW § 28 OBG NRW; im Übrigen nach allgemeinen Grundsätzen.

[37] S. auch landesrechtliche Regelung, z.B. § 16 OBG NRW.

[38] Richtet sich nach Landesrecht; vgl. nur § 9 PAG.

C. Rechtmäßigkeit der unmittelbar ausgeführten Maßnahme

I. Ermächtigungsgrundlage der fiktiven Verfügung

II. Formelle Rechtmäßigkeit

1. Zuständigkeit

a) Sachliche Zuständigkeit

b) Örtliche Zuständigkeit

2. Besondere Verfahrensvorschriften

III. Materielle Rechtmäßigkeit

IV. Ermessen

D. Rechtsfolge

B. Versammlungsrecht

358	Versammlung	Örtliche Zusammenkunft mehrerer (h.M. mind. 2) Personen zur gemeinschaftlichen, auf die Teilhabe an der öffentlichen Meinungsbildung gerichteten Erörterung oder Kundgebung (str., so zumindest der enge Versammlungsbegriff, den mittlerweile auch das BVerfG vertritt; die a.A. fordert keine Teilhabe an der öffentlichen Meinungsbildung als gemeinsamen Zweck).
359	Öffentlich	Ist eine Versammlung, wenn die Teilnahme jedermann offensteht, der Teilnehmerkreis also unbegrenzt ist (↔ *geschlossene Versammlung* = auf einen individuell abgegrenzten Teilnehmerkreis beschränkt, zB durch Einladung, Mitgliedschaft).
360	Unter freiem Himmel	Fehlende Abschließung nach außen, die prinzipielle Unüberschaubarkeit, die jederzeitige Möglichkeit weiteren Hinzutretens und die damit verbundene höhere Störanfälligkeit und Gefahrenträchtigkeit.
361	Geschlossener Raum	Notwendig ist die Abschließung nach mehreren (nicht: allen) Seiten.

Spontanversammlung	Aus momentanem Anlass, ungeplant und ohne Veranstalter. Anmeldung ist gar nicht erst möglich ist.	362
Eilversammlung	Geplant und mit Veranstalter. Aber Einhaltung der 48-Stundenfrist für Anmeldung ohne Gefährdung des Demonstrationszwecks nicht möglich.	363

I. Verbot einer öffentlichen Versammlung in geschlossenen Räumen

A. Ermächtigungsgrundlage: § 5 VersG[39] **364**

B. Formelle Rechtmäßigkeit

I. Zuständigkeit der Behörde[40]

II. Verfahren, insb. Anhörung nach § 28 I VwVfG; ggf. entbehrlich gem. § 28 II Nr. 4 VwVfG

III. Form

C. Materielle Rechtmäßigkeit

I. Öffentliche Versammlung in geschlossenen Räumen

II. Alternative TB-Voraussetzungen

1. Veranstalter fällt unter die Vorschriften des § 1 II Nr. 1–4 VersG und im Falle der Nr. 4 ist das Verbot durch die zuständige Verwaltungsbehörde festgestellt worden (Nr. 1),
2. Veranstalter oder Leiter der Versammlung gewährt Teilnehmern Zutritt, die Waffen oder sonstige Gegenstände im Sinne von § 2 III VersG mit sich führen (Nr. 2),
3. Feststellung von Tatsachen, aus denen sich ergibt, dass der Veranstalter oder sein Anhang einen gewalttätigen

[39] Im Falle der Anwendbarkeit des Bundesversammlungsgesetzes. Zwar ist mit der Föderalismusreform die Gesetzgebungskompetenz für das Versammlungsrecht auf die Länder übergegangen. Soweit diese von ihrer Gesetzgebungskompetenz keinen Gebrauch gemacht haben, gilt jedoch das Bundesrecht gemäß Art. 125a I GG fort.

[40] Richtet sich nach Landesrecht. Für NRW § 10 POG NRW iVm § 1 VersammlGZustV, § 7 POG NRW; für Baden-Württemberg § 66 PolG BW iVm § 1 VersGZuV.

oder aufrührerischen Verlauf der Versammlung anstreben (Nr. 3), oder

4. Feststellung von Tatsachen, aus denen sich ergibt, dass der Veranstalter oder sein Anhang Ansichten vertreten oder Äußerungen dulden werden, die ein Verbrechen oder ein von Amts wegen zu verfolgendes Vergehen zum Gegenstand haben.

D. Rechtsfolge: Ermessen

Zu beachten ist hier insb. die grundrechtskonforme Anwendung (Art. 8 I GG sowie Art. 5 I 1 Var. 1 GG) der Norm.

II. Auflage oder Verbot einer öffentlichen Versammlung unter freiem Himmel

365 *Hinweis:* Die in § 15 I VersG als „Auflagen" bezeichneten Beschränkungen sind keine Auflagen iSd § 36 II Nr. 4 VwVfG, weil sie nicht Nebenbestimmungen zu Verwaltungsakten, sondern selbständige Verwaltungsakte sind: Rechtsgrundlage ist allein § 15 I VersG.

366	Versammlungsverbot	Untersagung einer Versammlung im Vorfeld bis zum Beginn einer Versammlung.

367 **A. Ermächtigungsgrundlage: § 15 I VersG**[41]

B. Formelle Rechtmäßigkeit

I. Zuständigkeit der Behörde[42]

II. Verfahren, insb. Anhörung nach § 28 I VwVfG; ggf. entbehrlich gem. § 28 II Nr. 4 VwVfG

III. Form

B. Materielle Rechtmäßigkeit

I. Öffentliche Versammlung unter freiem Himmel

II. Unmittelbare Gefährdung der öffentlichen Sicherheit oder Ordnung bei Durchführung der Versammlung

---

[41] Im Falle der Anwendbarkeit des Bundesversammlungsgesetzes (vgl. Fn. 39).

[42] Richtet sich nach Landesrecht. Für NRW § 10 POG NRW iVm § 1 VersammlGZustV, § 7 POG NRW; für Baden-Württemberg § 66 PolG BW iVm § 1 VersGZuV.

1. Öffentliche Sicherheit (insbes. obj. Rechtsordnung in Gestalt von Vorschriften des VersG sowie des StGB [bspw. § 130 StGB])

   Soweit Meinungsinhalte der Versammlung betroffen sind, sind die Anforderungen des Art. 5 II GG zu berücksichtigen.

2. Öffentliche Ordnung (vgl. insb. Abs. 2)

3. Unmittelbare Gefährdung

III. Richtiger Adressat

1. Grundsätze des Polizei- und Ordnungsrechte (→ Rückgriff auf Zustands- und Verhaltensstörer)

2. Keine Anwendbarkeit der Grundsätze des Zweckveranlassers (siehe *Enders/Koll*, Ad Legendum 2016, 187 (192))

3. Inanspruchnahme des Nichtstörer nur in engen Grenzen

C. Rechtsfolge: Ermessen

Zu beachten ist hier insb. die grundrechtskonforme Anwendung (Art. 8 I GG sowie Art. 5 I 1 Var. 1 GG) der Norm.

Besonders strikte Anwendung des Verhältnismäßigkeitsgrundsatzes

III. Auflösung einer öffentlichen Versammlung unter freiem Himmel

Auflösung	Beendigung einer bereits existierenden Versammlung oder eines Aufzugs mit dem Ziel, die Personenansammlung zu zerstreuen.	**368**

A. Ermächtigungsgrundlage: § 15 III oder IV VersG[43] **369**

B. Formelle Rechtmäßigkeit

I. Zuständigkeit der Behörde[44]

II. Verfahren, insb. Anhörung nach § 28 I VwVfG; ggf. entbehrlich gemäß § 28 II Nr. 1, 4 VwVfG

III. Form

[43] Im Falle der Anwendbarkeit des Bundesversammlungsgesetzes (vgl. Fn. 39).
[44] S.o. Fn. 40.

B. Materielle Rechtmäßigkeit

I. öffentliche Versammlung unter freiem Himmel

II. nach Abs. 3: wenn Versammlung nicht angemeldet ist (Achtung: verfassungskonforme Auslegung!), wenn von den Angaben der Anmeldung abgewichen oder den Auflagen zuwidergehandelt wird oder wenn die Voraussetzungen zu einem Verbot nach Abs. 1 oder 2 gegeben sind.

III. nach Abs. 4: verbotene Versammlung

C. Rechtsfolge

I. nach Abs. 3: Ermessen

Zu beachten ist hier insb. die grundrechtskonforme Anwendung (Art. 8 I GG sowie Art. 5 I 1 Var. 1 GG) der Norm.

II. nach Abs. 4: gebundene Entscheidung

C. Kommunalrecht

I. Selbstverwaltungsgarantie (Art. 28 II GG)

370	Institutionelle Rechtssubjektsgarantie	Gewährleistung der Institutionen „Gemeinde" und „Gemeindeverbände", aber kein individueller Bestandsschutz einzelner Gemeinden bzw. Gemeindeverbände.
371	Objektive Rechtsinstitutionsgarantie	Garantie des Verwaltungstypus der gemeindlichen Selbstverwaltung.
372	Subjektive Rechtsstellungstheorie	Subjektives Recht auf Geltendmachung der Selbstverwaltung vor Gericht.
373	Angelegenheiten der örtlichen Gemeinschaft	„Aufgaben, […] die in der örtlichen Gemeinschaft wurzeln oder auf die örtliche Gemeinschaft einen spezifischen Bezug haben" (BVerfGE 79, 127 [151]; 107, 1).
374	Eigenverantwortlichkeit	Freiheit vor staatlicher Reglementierung hinsichtlich Art und Weise der Aufgabenerledigung.
375	Organisationshoheit	Recht der Kommunen, ihre interne Verwaltungsorganisation eigenverantwortlich ausgestalten zu können.

Personalhoheit	Recht auf freie Auswahl, Anstellung, Beförderung und Entlassung von Mitarbeitern.	**376**
Finanzhoheit	Recht zur selbständigen Führung der Einnahme- und Ausgabewirtschaft im Rahmen eines geordneten Haushaltswesens (insb. Recht auf aufgabenadäquate Finanzausstattung!).	**377**
Planungshoheit	Recht, die örtlichen planungsfähigen Aufgaben im Rahmen ihrer Zuständigkeit eigenverantwortlich wahrzunehmen und dort, wo ihr diese Zuständigkeit entzogen ist, angemessen beteiligt zu werden.	**378**
Satzungshoheit	Recht zum Erlass abstrakt-genereller Regelungen im örtlichen und funktionellen Einflussbereich der Kommunen.	**379**
Kernbereich	Wesensgehalt, den man aus einer Institution nicht entfernen kann, ohne deren Struktur und Typus zu ändern.	**380**

A. Schutzbereich der kommunalen Selbstverwaltungsgarantie **381**

I. Institutionelle Rechtssubjektsgarantie

II. Objektive Rechtsinstitutionsgarantie

1. Geschützter Kompetenzbereich: (bei Gemeinden) „Angelegenheiten der örtlichen Gemeinschaft" (Universalität des gemeindlichen Aufgabenkreises, Aufgabenfindungsrecht), exemplarische Konkretisierung durch Gemeindehoheiten (Organisationshoheit, Personalhoheit, Finanzhoheit, Planungshoheit, Satzungshoheit)
2. Eigenverantwortliche Aufgabenerledigung: Berührung der kommunalen „Hoheiten"

III. Subjektive Rechtsstellungsgarantie

B. Eingriff in den Schutzbereich

C. Verfassungsrechtliche Rechtfertigung des Eingriffs

I. Gesetzesvorbehalt („im Rahmen der Gesetze")

II. Verhältnismäßigkeit

1. Legitimer Gesetzeszweck
2. Eignung

3. Erforderlichkeit
4. Angemessenheit

III. Wesensgehaltsgarantie: Kein Eingriff in den unantastbaren Kernbereich der kommunalen Selbstverwaltungsgarantie

II. Kommunalverfassungsbeschwerde zum BVerfG

382 **A. Zulässigkeit**

I. Zuständigkeit (Art. 93 Abs. I Nr. 4b GG, § 13 Nr. 8a BVerfGG und § 91 BVerfGG)

II. Beschwerdefähigkeit: „Gemeinde und Gemeindeverbände" (§ 91 S. 1 BVerfGG)

III. Beschwerdegegenstand: Gesetze (§ 91 S. 1 BVerfGG)

IV. Beschwerdebefugnis

1. Klage wegen Verletzung des Art. 28 Abs. 2 GG (Selbstverwaltungsgarantie)
2. Gegenwärtig, unmittelbar und selbst betroffen!

V. Rechtswegerschöpfung (§ 90 II BVerfGG)

VI. Subsidiarität (§ 91 S. 2 BVerfGG)

VII. Form und Frist (§§ 23, 92, 93 III BVerfGG)

B. Begründetheit

Die Kommunalverfassungsbeschwerde ist begründet, wenn eine Verletzung der kommunalen Selbstverwaltungsgarantie vorliegt.

III. Ratsbeschluss

383 **A. Ggf. besondere Ermächtigungsgrundlage**

B. Formelle Rechtmäßigkeit

I. Zuständigkeit

1. Verbandskompetenz der Gemeinde (vgl. Art. 28 II GG)
2. Organkompetenz des Rates[45]

---

[45] Richtet sich nach Landesrecht. Für NRW § 41 GO NRW; für Baden-Württemberg § 24 GemO; für Bayern Art. 29, 30 GO BY.

II. Verfahren
   1. Ordnungsgemäße Ladung[46]
   2. Öffentlichkeit der Sitzung[47]
   3. Ordnungsgemäße Leitung der Sitzung durch den Bürgermeister oder zuständigen Vertreter
III. Beschlussvorgang
   1. Keine Mitwirkung befangener Gemeinderäte bzw. kein Ausschluss nicht befangener Gemeinderäte[48]
   2. Beschlussfähigkeit des Gemeinderats[49]
   3. Erforderliche Mehrheit[50]

C. Materielle Rechtmäßigkeit
I. Ggf. Tatbestandsmerkmale besonderer Ermächtigungsnormen[51]
II. Vereinbarkeit mit höherrangigem Recht
III. Allgemeine Rechtmäßigkeitsvoraussetzungen

D. Rechtsfolge

IV. Kommunale Satzungen

Satzungen	Rechtsnormen, die von einer mit Satzungsautonomie ausgestatteten Selbstverwaltungskörperschaften zur Regelung ihrer eigenen Angelegenheiten erlassen werden.	**384**

[46] Richtet sich nach Landesrecht. Für NRW § 47 GO NRW iVm Geschäftsordnung; für Baden-Württemberg § 37 GemO iVm Geschäftsordnung; für Bayern Art. 47 II GO BY.

[47] Richtet sich nach Landesrecht. Für NRW § 48 II GO NRW; für Baden-Württemberg § 35 GemO; für Bayern Art. 52 GO BY.

[48] Richtet sich nach Landesrecht. Für NRW § 50 VI iVm § 31 (besonders Abs. 6) iVm § 43 II GO NRW; für Baden-Württemberg § 18 GemO; für Bayern Art. 49 GO BY.

[49] Richtet sich nach Landesrecht. Für NRW § 49 GO NRW; für Baden-Württemberg § 37 II GemO; für Bayern Art. 47 II GO BY.

[50] Richtet sich nach Landesrecht. Für NRW § 50 GO NRW; für Baden-Württemberg § 37 VI GemO; für Bayern Art. 51 I GO BY

[51] Richtet sich nach Landesrecht. Für NRW §§ 7, 9, 77 GO NRW; für Baden-Württemberg §§ 4, 11, 78 GemO; für Bayern Art. 23 ff, 62 GO BY.

385 **A. Ermächtigungsgrundlage**

I. Spezielle Ermächtigungsgrundlagen[52]

II. Allgemeine kommunalrechtliche Ermächtigungsgrundlage[53]

B. Formelle Rechtmäßigkeit

I. Zuständigkeit

1. Verbandskompetenz: Angelegenheit der örtlichen Gemeinschaft?
2. Örtliche Zuständigkeit
3. Organkompetenz: Rat

II. Verfahren, insb. ordnungsgemäße Einberufung, Beschlussfähigkeit

III. Form

1. Schriftform
2. Benennung der Ermächtigungsgrundlage nicht erforderlich (h.M.)
3. Ausfertigungs- und Veröffentlichungspflicht

IV. Ausnahmsweise Genehmigungs- oder Vorlagepflicht (bspw. § 11 BauGB)

C. Materielle Rechtmäßigkeit

Richtet sich nach Ermächtigungsgrundlage; z.B. für allgemeine kommunalrechtliche Ermächtigungsgrundlage:

I. Satzungsautonomie gewahrt?

1. Regelungsinhalt räumlich auf die Gemeinde beschränkt?
2. Regelungsinhalt inhaltlich vom Selbstverwaltungsrecht umfasst?

II. Kein Verstoß gegen höherrangiges Recht?

III. Verhältnismäßigkeitsgrundsatz

---

[52] Bundesrecht: §§ 2, 10 BauGB (Bebauungsplan), § 132 BauGB (Erschließungsbeiträge). Für NRW bspw. § 86 BauO NRW (örtliche Bauvorschriften), § 2 I KAG NRW (Abgaben), § 9 LAbfG NRW (Abfallentsorgung), § 45 LG NRW (Baumschutz), §§ 19, 19a StrWG NRW (Sondernutzung), § 9 GO NRW (Anschluss- und Benutzungszwang); für Baden-Württemberg bspw. § 11 GemO (Anschluss- und Benutzungszwang), § 16 VII StrG (Sondernutzung); für Bayern bspw. Art. 24 I Nr. 2 GO BY (Anschluss- und Benutzungszwang).

[53] Richtet sich nach Landesrecht. Für NRW § 7 GO NRW (für Kreise: § 5 KrO NRW); für Baden-Württemberg § 4 GemO; für Bayern Art. 23 ff. GO BY.

V. Zugang zu öffentlichen Einrichtungen

Öffentliche Einrichtungen	Sachliche und/oder persönliche Mittel, die die Gemeinde im öffentlichen Interesse durch *Widmung* für eine unmittelbare und gleiche Nutzung zumindest für alle Einwohner zur Verfügung stellt (zB Theater, Museum, Bibliothek, Schwimmbad, Volksfest, Marktplätze, Friedhof). Die *Widmung* ist eine sachbezogene Regelung der Benutzung einer Sache durch die Allgemeinheit aufgrund einer Satzung oder eines VA.	386

A. Ermächtigungsgrundlage 387

I. Spezielle Ermächtigungsgrundlage: für politische Parteien (§ 5 I PartG), Marktzulassung (§ 70 GewO, auch Volksfeste usw.) und § 22 PBefG

II. Allgemeine kommunalrechtliche Ermächtigungsgrundlage[54]

B. Formelle Rechtmäßigkeit

I. Zuständigkeit

II. Antrag auf Zulassung

C. Materielle Rechtmäßigkeit

I. Gemeindliche öffentliche Einrichtung

II. Persönliche Anspruchsposition

III. Nutzung „im Rahmen der geltenden Vorschriften", insb. Widmungsumfang

D. Rechtsfolge

I. Regelmäßig: gebundene Erlaubnis

II. Ausnahmsweise (insb. bei Kapazitätsüberschreitung): Anspruch auf ermessensfehlerfreie Entscheidung

[54] Richtet sich nach Landesrecht. Für NRW § 8 II GO NRW; für Baden-Württemberg § 10 II GemO; für Bayern Art. 21 V GO BY.

VI. Anweisung des Bürgermeisters zur Beanstandung

388 **A. Ermächtigungsgrundlage**[55]

B. Formelle Rechtmäßigkeit

I. Zuständigkeit der Aufsichtsbehörde[56]

II. grds. formfrei

C. Materielle Rechtmäßigkeit

I. Ratsbeschluss (oder Ausschussbeschluss)

II. Rechtswidrigkeit des Ratsbeschlusses

D. Rechtsfolge

I. Ermessen („kann“)

II. wenn Anweisung erfolgt:

1. Verpflichtung des Bürgermeisters zur Beanstandung
2. Bürgermeister wird im Wege der Organleihe tätig

D. Baurecht

I. Baugenehmigung

389	Anlage iSd § 2 I LBauO	Mit dem Erdboden verbundene, aus Bauprodukten hergestellte Anlage (§ 2 I LBauO ist keine Konkretisierung des § 29 BauGB!).
390	Errichtung	Erstmalige Herstellung einer Anlage oder deren Aufstellung.
391	Änderung	Eingriff in eine bereits vorhandene bauliche Anlage in Form von Umbau, Anbau, teilweisen Abbruch oder Erweiterung, ohne dass der baulichen Anlage eine andere Zweckbestimmung zukommt.
392	Nutzungsänderung	Bauliche Anlage soll zu einem anderen als dem ursprünglich genehmigten Zweck genutzt werden.

[55] Richtet sich nach Landesrecht. Für NRW § 122 I 1 GO NRW; für Baden-Württemberg § 121 GemO; für Bayern Art. 122 GO BY.

[56] Richtet sich nach Landesrecht. Für NRW § 120 GO NRW; für Baden-Württemberg § 119 GemO; für Bayern Art. 110 GO BY.

Anlage i.S.d. § 29 BauGB	Jede auf Dauer mit dem Erdboden verbundene künstliche Anlage, die aus Baustoffen und Bauteilen hergestellt worden ist, und eine *Planungsbedürftigkeit* aufweist. *Planungsbedürftigkeit* besteht, wenn die in § 1 V, VI BauGB genannten Belange derart berührt sind, dass das Bedürfnis nach einer ihre Zulässigkeit regelnden verbindlichen Bauleitplanung hervorgerufen wird.	**393**
Ortsteil	Jeder Bebauungszusammenhang im Gebiet einer Gemeinde, der nach der Zahl der vorhandenen Bauten (10–12 Bauten) ein gewisses Gewicht besitzt und Ausdruck einer organischen Siedlungsstruktur ist.	**394**
Im Zusammenhang bebauter Ortsteil	Jede Bebauung im Gebiet einer Gemeinde, die – trotz vorhandener Baulücken – den Eindruck der Geschlossenheit und Zusammengehörigkeit erweckt.	**395**
Einfügen i.S.d. § 34 I BauGB	Ein bauliches Vorhaben „fügt sich ein", wenn es sich innerhalb des durch die vorhandene umgebende Bebauung gebildeten Rahmens hält.	**396**
Nähere Umgebung	Nicht nur die unmittelbare Nachbarschaft, sondern der Einwirkungsbereich des Vorhabens. Definition der *Eigenart* der näheren Umgebung in drei Schritten: 1) Erfassung tatsächlich vorhandener Bebauung; 2) Nichtberücksichtigung, was die Umgebung nicht prägt und als Fremdkörper (im Kontrast zur herrschenden Bebauung stehende Anlagen) angesehen werden muss; 3) Ergänzung um früher vorhandene bauliche Nutzungen, sofern mit Wiedererrichtung bzw. -aufnahme nach der Verkehrsauffassung zu rechnen ist.	**397**
Zentrale Versorgungsbereiche	Räumlich abgrenzbare Bereiche einer Gemeinde, denen auf Grund vorhandener Einzelhandelsnutzungen eine Versorgungsfunktion über den unmittelbaren Nahbereich hinaus zukommt.	**398**
Schädliche Auswirkungen	Nachhaltige Störung der Funktionsfähigkeit der zentralen Versorgungsbereiche dergestalt,	**399**

		dass sie ihren Versorgungsauftrag generell oder hinsichtlich einzelner Branchen nicht mehr substantiell wahrnehmen können.
400	Außenbereich	Gebiet, das außerhalb eines wirksamen qualifizierten Bebauungsplanes i.S.d. § 30 I BauGB und auch außerhalb der im Zusammenhang bebauten Ortsteile, mithin außerhalb des Innenbereichs i.S.d. § 34 BauGB, liegt.
401	Formelle Planreife i.S.d. § 33 I Nr. 1 BauGB	Materiell und formell ordnungsgemäße Durchführung der Öffentlickeits- und Behördenbeteiligung.
402	Materielle Planreife i.S.d. § 33 I Nr. 2 BauGB	Prognostisch sichere Erwartung, dass der Inhalt des maßgeblichen Bebauungsplanentwurfs mit der Qualität des § 10 BauGB gültiges Ortsrecht wird.
403	Abstandsfläche	Fläche vor den Außenwänden eines Gebäudes, die von Bebauung freizuhalten ist.
404	Verunstaltung	Bauliche Anlage wird nach Auffassung eines in durchschnittlichem Maße für ästhetische Eindrücke aufgeschlossenen Betrachters derart störend beeinträchtigt, dass sie Unlustgefühle, krasse Gegensätzlichkeiten und Widersprüche im Erscheinungsbild bebauter Gebiete hervorruft, die es abzuwehren gilt.

405 **A. Ermächtigungsgrundlage**[57]

B. Formelle Rechtmäßigkeit

I. Zuständigkeit

1. Sachlich: untere Bauaufsichtsbehörde[58]
2. Örtlich: § 3 I Nr. 1 VwVfG

II. Verfahren

1. schriftlicher Bauantrag
2. ggf. Anhörung beteiligter Behörden[59]

---

[57] Richtet sich nach Landesrecht. Für NRW § 75 I 1 BauO NRW; für Baden-Württemberg § 58 I 1 LBO BW; für Bayern Art. 68 I 1 BayBO.

[58] Richtet sich nach Landesrecht; zB § 62 BauO NRW iVm § 60 I Nr. 3a BauO NRW.

[59] Richtet sich nach Landesrecht. Für NRW § 72 BauO NRW; für Baden-Württemberg § 53 IV LBO BW; für Bayern Art. 65 BayBO.

3. Anhörung angrenzender Nachbarn[60]

III. Schriftform[61]

C. Materielle Rechtmäßigkeit

I. Genehmigungsbedürftigkeit

1. Errichtung, Aufstellung, Anbringung, Änderung, Abbruch, Beseitigung, Nutzungsänderung von baulichen Anlagen[62]

2. Keine Genehmigungsfreiheit[63]

II. Genehmigungsfähigkeit

Vorüberlegung: Prüfungsumfang (s. sog. vereinfachtes Genehmigungsverfahren)

1. Vereinbarkeit mit Bauplanungsrecht, §§ 29 ff. BauGB; ggf. Ausnahmen oder Befreiung gem. §§ 31, 34 III BauGB

a) Eröffnung des Anwendungsbereichs der §§ 29 ff. BauGB

aa) Nichteinschlägigkeit des § 38 BauGB (= Vorrang sog. privilegierter Fachplanung)

bb) Bauliche Anlage i.S.d. § 29 I BauGB

b) Vorhaben im Geltungsbereich eines BBP (→ §§ 30, 31 BauGB)

aa) qualifizierter Bebauungsplan i.S.d. § 30 I BauGB

(1) Vorliegen eines qualifizierten BBP

(2) Vereinbarkeit mit den Festsetzungen des qualifizierten BBP (ggf. inzidente Prüfung der Wirksamkeit des BBP!)

---

[60] Richtet sich nach Landesrecht. Für NRW § 74 II BauO NRW; für Baden-Württemberg § 55 LBO BW; für Bayern Art. 66 BayBO.

[61] Richtet sich nach Landesrecht. Für NRW § 75 I 2 BauO NRW; für Baden-Württemberg § 58 I 3 Hs. 1 LBO BW; für Bayern Art. 68 II 1 Hs. 1 BayBO.

[62] Richtet sich nach Landesrecht. Für NRW § 63 I iVm § 2 I BauO NRW; für Baden-Württemberg § 49 iVm § 2 I LBO BW; für Bayern Art. 55 I iVm Art. 2 I BayBO.

[63] Richtet sich nach Landesrecht. Für NRW §§ 65–67 BauO NRW, §§ 79, 80 BauO NRW; für Baden-Württemberg §§ 50, 51, 69, 70 LBO BW; für Bayern Art. 56–58, 72, 73 BayBO.

(3) Ggf. (wg. Ermessensreduktion auf Null: Anspruch auf) Ausnahmen und Befreiungen nach § 31 BauGB?

(4) Gebot der Gebietsverträglichkeit

(5) Gebot der Rücksichtnahme (§ 15 BauNVO)

bb) einfacher BBP

→ subsidiärer Rückgriff auf §§ 34, 35 BauGB

c) Vorhaben im unbeplanten Innenbereich (→ § 34 BauGB)

aa) Anwendbarkeit des § 34 BauGB: im Zusammenhang bebauter Ortsteil

bb) „Einfügen" in die Eigenart der näheren Umgebung (Privilegierung nach Abs. 3, Spezialfall des Abs. 2?)

cc) Anforderung an gesunde Wohn- und Arbeitsverhältnisse

dd) Keine Beeinträchtigung des Ortsbildes

ee) Keine schädlichen Auswirkungen auf zentrale Versorgungsbereiche (Abs. 3)

d) Vorhaben im Außenbereich (→ § 35 BauGB)

aa) Privilegiertes Vorhaben

bb) Nicht-privilegiertes Vorhaben

e) Zulässigkeit nach § 33 BauGB

aa) Formelle Planreife

bb) Materielle Planreife

cc) Schriftliches Anerkenntnis der Festsetzungen durch den Antragsteller für sich und seine Rechtsnachfolger

f) Gesicherte Erschließung (§§ 123 ff. BauGB)

2. Vereinbarkeit mit Bauordnungsrecht

a) Ggf. eingeschränktes Prüfprogramm[64]

---

[64] Richtet sich nach Landesrecht. Für NRW § 68 I 4 Nr. 2, 3 BauO NRW; für Baden-Württemberg § 52 II Nr. 2 LBO BW; für Bayern Art. 59 S. 1 Nr. 1, 2 BayBO.

   b) Insb. Abstandsflächen[65], Verunstaltungsverbot[66]
   c) Ggf. Abweichungen[67]
3. Vereinbarkeit mit sonstigen öffentlich-rechtlichen Vorschriften, zB § 9 I FStrG, NaturschutzG, DenkmalschutzG etc.
4. Ggf. Einvernehmen der Gemeinde, § 36 I BauGB (vgl. auch § 36 I 4: Zustimmungsbedürfnis der höheren Verwaltungsbehörde)
   a) Erforderlichkeit: Fälle der §§ 31, 33 bis 35 BauGB
   b) Entbehrlichkeit: Im Falle der Identität von Bauaufsichtsbehörde und Gemeinde (str.)?
   c) Ersetzbarkeit gem. § 36 II 3 BauGB
   d) Ggf. Fiktion gem. § 36 II 2 BauGB
5. Entgegenstehende private Rechte sind grds. nicht zu beachten, vgl. § 75 III 1 BauO. Ausnahme aber bei Offensichtlichkeit (VGH Mannheim NVwZ-RR 95, 563).

D. Rechtsfolge: gebundene Erlaubnis

Ausnahme nach § 31 I, II BauGB (regelmäßig: Ermessen)

II. Vorbescheid

Vorbescheid	Vorgezogene verbindliche Entscheidung über Teilfragen der späteren Baugenehmigung.	406

[65] Richtet sich nach Landesrecht. Für NRW § 6 BauO NRW; für Baden-Württemberg § 5 f. LBO BW; für Bayern Art. 6 BayBO.

[66] Richtet sich nach Landesrecht. Für NRW § 12 BauO NRW; für Baden-Württemberg § 11 LBO BW; für Bayern Art. 8 BayBO.

[67] Richtet sich nach Landesrecht. Für NRW § 73 BauO NRW; für Baden-Württemberg § 56 LBO BW; für Bayern Art. 63 BayBO.

III. Nutzungsuntersagung und Beseitigungsanordnung

407 **A. Ermächtigungsgrundlage**[68]

B. Formelle Rechtmäßigkeit

I. Zuständigkeit

1. Sachlich: untere Bauaufsichtsbehörde (zB nach § 62 BauO NRW iVm § 60 I Nr. 3a BauO NRW)

2. Örtlich: § 3 I Nr. 1 VwVfG

II. Verfahren: § 28 I VwVfG

III. Form (zB Schriftform nach § 20 I 1 OBG NRW)

C. Materielle Rechtmäßigkeit

I. Bauliche Anlage[69]

II. Widerspruch zu öffentlich-rechtlichen Vorschriften

1. Fehlende Baugenehmigung (→ notwendige[70], aber nicht hinreichende[71] Bedingung)

2. Verstoß gegen materielle Vorschriften

a) Verstoß gegen Bauplanungsrecht

b) Verstoß gegen Bauordnungsrecht

c) Verstoß gegen sonstige Vorschriften

D. Ermessen: Besondere Berücksichtigung erfährt Art. 14 I GG!

---

[68] Richtet sich nach Landesrecht. Für NRW § 61 I 2 BauO NRW; für Baden-Württemberg § 65 LBO BW; für Bayern Art. 76 BayBO.

[69] Richtet sich nach Landesrecht. Für NRW § 2 I BauO NRW; für Baden-Württemberg § 2 I LBO BW; für Bayern Art. 2 I BayBO.

[70] Sobald eine Baugenehmigung vorliegt, darf aufgrund deren Legalisierungswirkung eine materiell-rechtliche Prüfung (mit ggf. abweichendem Ergebnis) nicht mehr vorgenommen werden (Ausnahme bspw. § 61 II 1 BauO NRW *nicht vorhersehbare* Gefahren oder *unzumutbare* Belästigungen; vgl. auch § 58 VI LBO BW.)

[71] Aufgrund der Irreversibilität der Beseitigungsanordnung wird – unter Zugrundelegung des Art. 14 GG sowie des Verhältnismäßigkeitsgrundsatzes – allein der Verstoß gegen die Genehmigungspflicht nicht als hinreichender Grund für eine *Beseitigungsanordnung* angesehen; hinzutreten muss vielmehr der Verstoß gegen materielle Vorschriften des öffentlichen Rechts. Strittig hingegen im Hinblick auf die *Nutzungsuntersagung*, da diese keine irreversible Anordnung trifft.

IV. Baueinstellungsverfügung

A. Ermächtigungsgrundlage[72] 408

B. Formelle Rechtmäßigkeit

I. Zuständigkeit

1. Sachlich: untere Bauaufsichtsbehörde (zB nach § 62 BauO NRW iVm § 60 I Nr. 3a BauO NRW)

2. Örtlich: § 3 I Nr. 1 VwVfG

II. Verfahren: § 28 I VwVfG

III. Form (zB Schriftform nach § 20 I 1 OBG NRW)

C. Materielle Rechtmäßigkeit

I. Bauliche Anlage (§ 2 I 1 BauO)

II. Widerspruch zu öffentlich-rechtlichen Vorschriften

1. Fehlende Baugenehmigung (→ notwendige und hinreichende Bedingung?; str.)

2. Verstoß gegen materielle Vorschriften

a) Verstoß gegen Bauplanungsrecht

b) Verstoß gegen Bauordnungsrecht

c) Verstoß gegen sonstige Vorschriften

D. Ermessen

V. Rechtmäßigkeit eines Bebauungsplans

Träger öffentlicher Belange	Verwalter öffentlicher Sachbereiche, d.h. Behörden, Energieversorger, Wasserwerke, Entsorgungsfirmen, Betreiber von Telekommunikationsnetzwerken, Post, Bahn.	409
Trennungsgebot	Gebiete, bei deren Nutzung Unverträglichkeiten auftreten, können nicht nebeneinander geplant werden.	410
Gebot der Konfliktbewältigung (§ 1 VI BauGB)	Jeder Bebauungsplan hat die von ihm geschaffenen oder ihm jedenfalls zurechenbaren Konflikte selbst zu lösen.	411

[72] Richtet sich nach Landesrecht. Für NRW § 61 I 2 BauO NRW; für Baden-Württemberg § 64 LBO BW; für Bayern Art. 75 BayBO.

412	Grundsatz der Lastengleichheit	Keine unverhältnismäßige Belastung einzelner Eigentümer (vgl. Art. 14 GG).

413 **A. Ermächtigungsgrundlage: § 1 III BauGB**

B. Formelle Voraussetzungen

I. Zuständigkeit: Gemeinde (§ 2 I 1 BauGB)

II. Verfahren

1. Aufstellungsbeschluss (s. § 2 I 2 BauGB: ortsübliche Bekanntmachung)
2. Frühzeitige Bürgerbeteiligung (§ 3 I BauGB)
3. Beteiligung der Träger öffentlicher Belange (§ 4 I BauGB)
4. Auslegungsbeschluss des Rats (arg. e § 3 II BauGB)
5. Öffentliche Auslegung der Entwürfe (§ 3 II BauGB)
6. Einholung von Stellungnahmen der Behörden (§ 4 II BauGB)
7. Ggf. Umweltprüfung
8. Wirksamer Satzungsbeschluss (§ 10 I BauGB; zB § 41 I 2 lit. f. GO NRW) → s. hierzu Vorgaben der Gemeindeordnung.
9. Evtl. Genehmigung nach § 10 II, III BauGB
10. Bekanntgabe der Satzung (§ 10 III BauGB)

C. Materielle Voraussetzungen

I. Erforderlichkeit (§ 1 III 1 BauGB)

II. Abstimmungspflicht mit Bauleitplanung anderer Gemeinden (sog. interkommunales Abstimmungsgebot, § 2 II BauGB)

III. Zulässige Inhalte (§ 9 I BauGB), insb.

1. Art der baulichen Nutzung (→ §§ 1 ff. BauNVO)
2. Maß der baulichen Nutzung (→ §§ 16 ff. BauNVO)
3. Bauweise (→ § 22 BauNVO)
4. Überbaubare Grundstücksflächen (§ 23 BauNVO)

IV. Entwicklungsgebot (§ 8 II 1 BauGB; Ausnahmen: selbstständiger Bebauungsplan (§ 8 II 2 BauGB); Parallelverfahren (§ 8 III BauGB); vorzeitiger Bebauungsplan (§ 8 IV BauGB)

V. Abwägung (§ 1 VII BauGB) unter Berücksichtigung des Trennungsgebots, des Gebots der Konfliktbewältigung sowie des Grundsatzes des Lastenausgleichs.

E. Gewerberecht

I. Schließungsanordnung (bei Betrieb ohne Zulassung)

Gewerbe	Jede erlaubte, wirtschaftliche Tätigkeit, die auf eigene Rechnung, eigene Verantwortung und auf Dauer mit der Absicht zur Gewinnerzielung betrieben wird ohne Urproduktion, Verwaltung eigenen Vermögens oder Tätigkeit höherer Art zu sein.	**414**

A. Ermächtigungsgrundlage: § 15 II 1 GewO **415**

Hinweis: Das Gaststättenrecht enthält keine spezielle Ermächtigungsgrundlage für erlaubnispflichtige Gaststätten. § 31 GastG enthält eine Verweisung auf die GewO.

B. Formelle Rechtmäßigkeit

I. Zuständigkeit

1. sachlich: § 155 II GewO iVm Landesrecht[73]

2. örtlich: § 3 I VwVfG

II. Verfahren, insb. Anhörung (§ 28 I VwVfG)

III. Form

C. Materielle Rechtmäßigkeit

I. Vorliegen eines Gewerbes

II. Zulassungspflichtigkeit des Gewerbes (zB §§ 30 ff. GewO)

III. Betrieb ohne Zulassung (formelle Illegalität)

D. Rechtsfolge

I. Entschließungsermessen

II. Auswahlermessen

[73] Für NRW § 2 I GewRV NRW; für Baden-Württemberg § 1 GewOZuVO BW; für Bayern § 1 II GewV BY.

II. Untersagungsverfügung

416	Unzuverlässig	Wer keine Gewähr dafür bietet, dass er sein Gewerbe in Zukunft ordnungsgemäß ausüben wird.

417 **A. Ermächtigungsgrundlage: § 35 I GewO**

B. Formelle Rechtmäßigkeit

I. Zuständigkeit

1. sachlich: § 155 II GewO iVm Landesrecht[74]

2. örtlich: § 35 VII GewO

II. Verfahren

1. Anhörung (§ 28 I VwVfG)

2. Beteiligung der Fachkammern (§ 35 IV 1, 2 GewO)

III. Form

C. Materielle Rechtmäßigkeit

I. Fehlende Zuverlässigkeit des Gewerbetreibenden in Bezug auf dieses Gewerbe (Zeitpunkt der Beurteilung: letzte Verwaltungsentscheidung [h.M.])

II. Erforderlichkeit zum Schutz der Allgemeinheit oder der Mitarbeiter

III. Richtiger Adressat

D. Rechtsfolge: gebundene Entscheidung (§ 35 I 1 GewO)

Ermessen nur bei „erweiterter Gewerbeuntersagung" nach § 35 I 2 GewO

III. Veranstaltungsteilnahme

418	Festsetzung	Begünstigender Verwaltungsakt gegenüber Veranstalter, der ihm und Dritten Marktprivilegien sowie letzteren Teilnahmerecht gem. § 70 GewO gewährt; zugleich belastend (Durchführungspflicht) für Veranstalter.

[74] Für NRW § 2 I GewRV NRW; für Baden-Württemberg § 1 GewOZuVO BW; für Bayern § 1 I Nr. 1 GewV.

A. Anspruchsgrundlage: § 70 I GewO 419

B. Formelle Rechtmäßigkeit

C. Materielle Rechtmäßigkeit: Zugehörigkeit zum Teilnehmerkreis der festgesetzten Veranstaltung

D. Rechtsfolge

I. Grds. gebundene Entscheidung

II. Anspruchsgrenze gem. § 70 III GewO bei Kapazitätserschöpfung → Ermessensentscheidung

IV. Gaststättengenehmigung

420

Ein Gaststättengewerbe	betreibt, wer im stehenden Gewerbe 1. Getränke zum Verzehr an Ort und Stelle verabreicht (Schankwirtschaft) oder 2. zubereitete Speisen zum Verzehr vor Ort und Stelle verabreicht (Speisewirtschaft), wenn der Betrieb jedermann oder bestimmten Personenkreisen zugänglich ist (§ 1 I GastG); Betreibt ferner, wer als selbständiger Gewerbetreibender im Reisegewerbe von einer für die Dauer der Veranstaltung ortsfesten Betriebsstätte aus Getränke oder zubereitete Speisen zum Verzehr an Ort und Stelle verabreicht, wenn der Betrieb jedermann oder bestimmten Personenkreisen zugänglich ist (§ 1 II GastG).

V. Erteilung einer Gaststättenerlaubnis

A. Ermächtigungsgrundlage: § 2 I 1 GastG 421

B. Formelle Rechtmäßigkeit

I. Zuständigkeit

1. Sachlich: § 30 GastG iVm Landesrecht[75]

2. Örtlich: § 3 I Nr. 2 VwVfG

[75] Für NRW § 2 I GewRV NRW; für Baden-Württemberg § 1 I GastVO BW; für Bayern § 1 GastV BY.

II. Verfahren: Antrag

C. Materielle Rechtmäßigkeit

I. Genehmigungsbedürftigkeit

1. Gaststättengewerbe i.S.d. § 2 I 1 GastG
2. Kein Ausnahmetatbestand nach § 2 II GastG

II. Genehmigungsfähigkeit

1. Zuverlässigkeit des Gaststättenbetreibers (§ 4 I 1 Nr. 1 GastG)
2. Eignung der zum Betrieb des Gewerbes oder zum Aufenthalt der Beschäftigten bestimmten Räume (§ 4 I 1 Nr. 2 GastG)
3. Barrierefreiheit der für Gäste bestimmten Räume (§ 4 I 1 Nr. 2a GastG; vgl. auch S. 2)
4. Kein Widerspruch zu öffentlichen Vorschriften (§ 4 I 1 Nr. 3 GastG)
5. Bescheinigung einer Industrie- und Handelskammer (§ 4 I 1 Nr. 4 GastG)

D. Rechtsfolge

VI. Rücknahme einer Gaststättenerlaubnis

422 *Hinweis:* § 48 VwVfG ist ergänzend zu § 15 I GastG anwendbar. § 15 I GastG ist lex specialis und zwingt die Behörde zum Handeln, eine Rücknahme nach § 48 VwVfG steht dagegen im Ermessen der Behörde.

423

Unzuverlässig	Wer keine Gewähr dafür bietet, dass er sein Gewerbe in Zukunft ordnungsgemäß ausüben wird.

424 **A. Ermächtigungsgrundlage § 15 I GastG**

B. Formelle Rechtmäßigkeit

I. Zuständigkeit

1. Sachlich: § 30 GastG iVm Landesrecht[76]
2. Örtlich: § 3 I Nr. 2 VwVfG

II. Verfahren: insb. Anhörung (§ 28 I VwVfG)

[76] Für NRW § 2 I GewRV; für Baden-Württemberg § 1 I GastVO BW; für Bayern § 1 GastV BY.

C. Materielle Rechtmäßigkeit

I. Versagungsgründe nach § 4 I 1 Nr. 1 GastG (Unzuverlässigkeit)

II. Nachträgliches Bekanntwerden von Gründen, die bereits bei Erlaubniserteilung vorlagen

D. Rechtsfolge: gebundene Entscheidung

VII. Widerruf einer Gaststättenerlaubnis

Hinweis: § 49 VwVfG ist nicht neben § 15 II, III GastG anwendbar. § 15 II, III GastG ist lex specialis und regelt den zwingenden (Abs. 2) und den fakultativen Widerruf (Abs. 3) abschließend. **425**

A. Ermächtigungsgrundlage § 15 II GastG oder § 15 III GastG **426**

B. Formelle Rechtmäßigkeit

I. Zuständigkeit

1. Sachlich: § 30 GastG iVm Landesrecht[77]

2. Örtlich: § 3 I Nr. 2 VwVfG

II. Verfahren: insb. Anhörung (§ 28 I VwVfG)

C. Materielle Rechtmäßigkeit

I. Nachträglicher Eintritt von Versagungsgründen nach § 4 I 1 Nr. 1 GastG (Unzuverlässigkeit), wenn § 15 II GastG Ermächtigungsgrundlage ist oder

II. Vorliegen einer der folgenden Voraussetzungen, wenn § 15 III GastG Ermächtigungsgrundlage ist

1. Unbefugte Änderung der Betriebsart (Nr. 1)

2. Verwendung anderer als zugelassener Räume (Nr. 1)

3. Verabreichung von nicht zugelassenen Getränken oder Speisen (Nr. 1)

4. Nichteinhaltung sonstiger inhaltlicher Beschränkungen der Erlaubnis (Nr. 1)

5. Nicht (rechtzeitige) Erfüllung von Auflagen (Nr. 2)

6. Betrieb durch Stellvertreter ohne Erlaubnis (Nr. 3)

---

[77] Für NRW § 2 I GewRV; für Baden-Württemberg § 1 I GastVO BW; für Bayern § 1 GastV BY.

7. Beschäftigung von unzuverlässigen Personen nach § 21 GastG (Nr. 4)
8. Nichtbeibringung der Unterrichtungsnachweise (Nr. 5–7)

D. Rechtsfolge

I. Widerruf nach § 15 II GastG: gebundene Entscheidung

II. Widerruf nach § 15 III GastG: Ermessensentscheidung

F. Umweltrecht

I. Anspruch auf Umweltinformationen

427	Umweltinformationen	Umweltinformationen sind unabhängig von der Art ihrer Speicherung alle Daten über 1. den Zustand von Umweltbestandteilen wie Luft und Atmosphäre, Wasser, Boden, Landschaft und natürliche Lebensräume einschließlich Feuchtgebiete, Küsten- und Meeresgebiete, die Artenvielfalt und ihre Bestandteile, einschließlich gentechnisch veränderter Organismen, sowie die Wechselwirkungen zwischen diesen Bestandteilen; 2. Faktoren wie Stoffe, Energie, Lärm und Strahlung, Abfälle aller Art sowie Emissionen, Ableitungen und sonstige Freisetzungen von Stoffen in die Umwelt, die sich auf die Umweltbestandteile im Sinne der Nummer 1 auswirken oder wahrscheinlich auswirken; 3. Maßnahmen oder Tätigkeiten, die a) sich auf die Umweltbestandteile im Sinne der Nummer 1 oder auf Faktoren im Sinne der Nummer 2 auswirken oder wahrscheinlich auswirken oder b) den Schutz von Umweltbestandteilen im Sinne der Nummer 1 bezwecken; zu den Maßnahmen gehören auch politische Konzepte, Rechts- und Verwaltungsvorschriften, Abkommen, Umweltvereinbarungen, Pläne und Programme; 4. Berichte über die Umsetzung des Umweltrechts;

	5. Kosten-Nutzen-Analysen oder sonstige wirtschaftliche Analysen und Annahmen, die zur Vorbereitung oder Durchführung von Maßnahmen oder Tätigkeiten im Sinne der Nummer 3 verwendet werden, und 6. den Zustand der menschlichen Gesundheit und Sicherheit, die Lebensbedingungen des Menschen sowie Kulturstätten und Bauwerke, soweit sie jeweils vom Zustand der Umweltbestandteile im Sinne der Nummer 1 oder von Faktoren, Maßnahmen oder Tätigkeiten im Sinne der Nummern 2 und 3 betroffen sind oder sein können; hierzu gehört auch die Kontamination der Lebensmittelkette (§ 2 III UIG).

A. Anspruchsgrundlage: § 3 I 1 UIG 428

B. Formelle Rechtmäßigkeit

I. Antrag

II. bei der informationspflichtigen Stelle

C. Materielle Rechtmäßigkeit

I. Gegenstand: Umweltinformationen iSd § 2 III UIG

II. Anspruchsgegner: Informationspflichtige Stelle i.S.d. § 2 I UIG (Anspruch beschränkt sich auf die bei den Behörden vorliegenden Informationen!)

III. Kein Ausnahmetatbestand

1. Ausnahmetatbestände im *öffentlichen* Interesse nach § 8 I UIG
2. Ausnahmetatbestände zum Schutz *privater* Belange nach § 9 I UIG

D. Rechtsfolge: Auswahlermessen

Bei der Ausübung ihres von § 3 II 1 UIG erteilten Ermessens muss die Behörde auf das Begehren achten und abwägen, mit welchem Informationsmittel sie dem Begehren am besten gerecht werden kann.

II. Durchführung einer Umweltverträglichkeitsprüfung

429	Umweltverträglichkeitsprüfung	Ermittlung, Beschreibung und Bewertung der Auswirkungen eines Vorhabens auf Menschen, Tiere, Pflanzen, Boden, Wasser, Luft, Klima und Landschaft einschließlich der jeweiligen Wechselwirkungen sowie auf Kultur und sonstige Sachgüter (§ 2 I 2 UVPG)

430 **A. Pflicht zur Durchführung einer UVP**

I. Vorhaben, bei denen ab einer gewissen Größe oder Leistungsfähigkeit stets UVP durchzuführen ist (§ 6 UVPG iVm Sp. 1 Anl. 1)

II. Vorhaben, die im Einzelfall UVP-Pflicht unterliegen (§ 7 UVPG iVm Sp. 2 Anl. 1, Anl. 2) → allgemeine oder standortbezogene Vorprüfung

B. Verfahren

I. Behörde stimmt den voraussichtlichen Untersuchungsrahmen mit dem Vorhabenträger ab (§ 15 UVPG) → Scooping

II. Bericht des Vorhabenträgers (§ 16 UVPG)

III. Behördenbeteiligung (§ 17 UVPG)

IV. Öffentlichkeitsbeteiligung (§§ 18, 19 UVPG)

V. Zusammenfassende Darstellung der Umweltauswirkungen (§ 24 UVPG)

C. Ergebnis: Bewertung der Umweltauswirkungen (§ 12 UVPG)

– § 25 I UVPG: Maßstab = wirksame Umweltvorsorge (vages Bewertungskriterium)

– Nach UVPVwV (Allgemeine Verwaltungsvorschriften zur Ausführung des UVPG) sind die gesetzlichen Umweltanforderungen Maßstab für die Bewertung → Anknüpfung an die Zulassungsvoraussetzungen der einschlägigen Fachgesetze!

– § 25 II UVPG: Ergebnis der UVP ist bei Entscheidung über die Zulässigkeit des Vorhabens zu berücksichtigen, d.h. es muss bei Abwägung mit gegenläufigen Belangen zu abschließender Entscheidung verarbeitet werden.

III. Verbandsklagerechte

Verbandsklage	Form der Popularklage, bei der Vereinen oder Verbänden die Klagebefugnis zugesprochen wird.	**431**

IV. Anlagengenehmigung nach BImSchG

Anlagen iSd BImSchG	sind 1. Betriebsstätten und sonstige ortsfeste Einrichtungen, 2. Maschinen, Geräte und sonstige ortsveränderliche technische Einrichtungen sowie Fahrzeuge, soweit sie nicht § 38 unterliegen, und 3. Grundstücke, auf denen Stoffe gelagert oder abgelagert oder Arbeiten durchgeführt werden, die Emissionen verursachen können, ausgenommen öffentliche Verkehrswege (§ 3 V BImSchG).	**432**

A. Ermächtigungsgrundlage: § 6 I BImSchG **433**

B. Formelle Rechtmäßigkeit

I. Zuständigkeit

1. sachlich: nach Landesrecht[78]
2. örtlich: § 3 I Nr. 2 VwVfG

II. Verfahren

1. Förmliches Verfahren (§ 10 BImSchG, §§ 1 ff. 9. BImSchVO)

   Gem. § 2 I Nr. 1 4. BImSchVO für alle in Spalte 1 des Anhangs zur 4. BImSchVO mit der Bezeichnung G aufgeführten Anlagen sowie für die mit der Bezeichnung V aufgeführten UVP-pflichtigen Anlagen erforderlich.

   a) Antragstellung gem. § 10 I 1 BImSchG iVm 9. BImSchVO

[78] Für NRW § 1 ZustVU NRW; für Baden-Württemberg § 1 BImSchZuVO BW; für Bayern Art. 1 BayImSchG.

b) Öffentliche Bekanntmachung und Auslegung (§ 10 II BImSchG und 4. BImSchVO iVm §§ 8–10 der 9. BImSchVO)

c) Beteiligung anderer Behörden (§§ 11, 11a der 9. BImSchVO)

d) Ggf. Einholung eines Sachverständigengutachtens (§ 13 der 9. BImSchVO)

e) Erörterungstermin (§§ 14–19 der 9. BImSchVO)

f) Entscheidung der Behörde (§ 10 VIa BImSchG)

2. *Alternativ:* Vereinfachtes Verfahren

a) Antrag

b) insb. keine Öffentlichkeitsbeteiligung (§ 19 II BImSchG iVm § 10 III, IV BImSchG)

C. Materielle Rechtmäßigkeit

I. Anlage iSd § 3 V BImSchG

II. Genehmigungsbedürftigkeit (vgl. § 4 I 3 BImSchG iVm 4. BImSchVO)

III. Genehmigungsfähigkeit (§ 6 I BImSchG)

1. Schutzgrundsatz (§ 5 I Nr. 1 BImSchG)
2. Vorsorgegrundsatz (§ 5 I Nr. 2 BImSchG)
3. Abfallvermeidungs- und Entsorgungsgrundsatz (§ 5 I Nr. 3 BImSchG)
4. Gebot der sparsamen und effizienten Energieverwendung (§ 5 I Nr. 4 BImSchG)
5. Anforderungen nach § 6 I Nr. 1 iVm RVO nach § 7 BImSchG
6. Sonstige Anforderungen (§ 6 I Nr. 2 BImSchG; vgl. auch § 13 S. 1 BImSchG)

D. Rechtsfolge: gebundene Entscheidung

Rechtswirkung: Konzentrationswirkung nach § 13 S. 1 BImSchG; ggf. privatrechtsgestaltende Wirkung nach § 14 BImSchG

V. Nachträgliche Anordnung nach BImSchG

A. Ermächtigungsgrundlage: § 24 S. 1 BImSchG 434

B. Formelle Rechtmäßigkeit

I. Zuständigkeit

1. sachlich: nach Landesrecht[79]

2. örtlich: § 3 I Nr. 2 VwVfG

II. Verfahren: Anhörung gem. § 28 I VwVfG

III. Form (§§ 37 S. 1, 39 VwVfG)

C. Materielle Rechtmäßigkeit

I. Nicht-genehmigungsbedürftige Anlage

II. Verstoß gegen Betreiberpflicht

D. Rechtsfolge: Ermessensentscheidung

VI. Widerruf der immissionsschutzrechtlichen Genehmigung

A. Ermächtigungsgrundlage: § 21 BImSchG 435

B. Formelle Rechtmäßigkeit

I. Zuständigkeit

1. sachlich[80]

2. örtlich: § 3 I Nr. 1 VwVfG (Ausnahme: ortsveränderliche Anlage, s. § 3 I Nr. 2 VwVfG)

II. Verfahren

III. Form (§§ 37 S. 1, 39 VwVfG)

C. Materielle Rechtmäßigkeit

I. Rechtmäßig erteilte Genehmigung

II. Widerrufsgründe

1. Widerrufsvorbehalt, § 21 I Nr. 1 BImSchG

2. Nichterfüllung einer Auflage, § 21 I Nr. 2 BImSchG

---

[79] Für NRW § 1 ZustVU NRW; für Baden-Württemberg § 1 BImSchZuVO BW; für Bayern Art. 1 BayImSchG.

[80] Nach Landesrecht; bspw. gem. § 1 II 1 Nr. 3 iVm Verzeichnis Teil A ZustVU NRW: Kreise bzw. kreisfreie Städte.

3. nachträglich eingetretene Tatsachen, die Genehmigungsvoraussetzungen entfallen lassen, § 21 I Nr. 3 BImSchG
4. nachträgliche Rechtsänderungen, § 21 I Nr. 4 BImSchG
5. schwere Nachteile für das Gemeinwohl, § 21 I Nr. 5 BImSchG

III. Widerrufsfrist, § 21 II BImSchG: ein Jahr nach Kenntniserlangung über die den Widerruf rechtfertigende Tatsachen

D. Rechtsfolge: Ermessensentscheidung

Unter den Voraussetzungen des § 21 IV BImSchG: Entschädigungsanspruch

VII. Nachträgliche Anordnung bei nicht-genehmigungsbedürftigen Anlagen

436 **A. Ermächtigungsgrundlage: § 24 S. 1 BImSchG**

B. Formelle Rechtmäßigkeit

I. Zuständigkeit
1. sachlich[81]
2. örtlich: § 3 I Nr. 1 VwVfG (Ausnahme: ortsveränderliche Anlage, s. § 3 I Nr. 2 VwVfG)

II. Verfahren: Anhörung gem. § 28 I VwVfG

III. Form (§§ 37 S. 1, 39 VwVfG)

C. Materielle Rechtmäßigkeit

I. Nicht-genehmigungsbedürftige Anlage

II. Verstoß gegen Betreiberpflicht

D. Rechtsfolge: Ermessensentscheidung

---

[81] Nach Landesrecht; bspw. gemäß § 1 II 1 Nr. 3 iVm Verzeichnis Teil A ZustVU NRW: Kreise bzw. kreisfreie Städte.

VIII. Abfallrechtliche Maßnahmen

Abfall	Stoffe oder Gegenstände (= bewegliche Sachen; (-) bei fließendem Gewässer), deren sich der Besitzer *entledigt*, *entledigen will* oder *entledigen muss* (§ 3 I 1 KrWG). Eine *Entledigung* ist anzunehmen, wenn der Besitzer Stoffe oder Gegenstände einer Verwertung i.S.d. Anlage 2 oder einer Beseitigung i.S.d. Anlage 1 zuführt oder die tatsächliche Sachherrschaft über sie unter Wegfall jeder weiteren Zweckbestimmung aufgibt (§ 3 II KrWG). Der *Wille zur Entledigung* i.S.d. Absatzes 1 ist hinsichtlich solcher Stoffe oder Gegenstände anzunehmen, 1. die bei der Energieumwandlung, Herstellung, Behandlung oder Nutzung von Stoffen oder Erzeugnissen oder bei Dienstleistungen anfallen, ohne dass der Zweck der jeweiligen Handlung hierauf gerichtet ist, oder 2. deren ursprüngliche Zweckbestimmung entfällt oder aufgegeben wird, ohne dass ein neuer Verwendungszweck unmittelbar an deren Stelle tritt. Für die Beurteilung der Zweckbestimmung ist die Auffassung des Erzeugers oder Besitzers unter Berücksichtigung der Verkehrsanschauung zugrunde zu legen (§ 3 III KrWG). Der Besitzer *muss* sich Stoffen oder Gegenständen iSd Absatzes 1 *entledigen*, wenn diese nicht mehr entsprechend ihrer ursprünglichen Zweckbestimmung verwendet werden, auf Grund ihres konkreten Zustandes geeignet sind, gegenwärtig oder künftig das Wohl der Allgemeinheit, insb. die Umwelt, zu gefährden und deren Gefährdungspotenzial nur durch eine ordnungsgemäße und schadlose Verwertung oder gemeinwohlverträgliche Beseitigung nach den Vorschriften dieses Gesetzes und der auf Grund dieses Gesetzes erlassenen Rechtsverordnungen ausgeschlossen werden kann (§ 3 IV KrWG).	**437**

438	Verwertung	ist jedes Verfahren, als dessen Hauptergebnis die Abfälle innerhalb der Anlage oder in der weiteren Wirtschaft einem sinnvollen Zweck zugeführt werden, indem sie entweder andere Materialien ersetzen, die sonst zur Erfüllung einer bestimmten Funktion verwendet worden wären, oder indem die Abfälle so vorbereitet werden, dass sie diese Funktion erfüllen. Anlage 2 enthält eine nicht abschließende Liste von Verwertungsverfahren (§ 3 XXIII KrWG).
439	Beseitigung	ist jedes Verfahren, das keine Verwertung ist, auch wenn das Verfahren zur Nebenfolge hat, dass Stoffe oder Energie zurückgewonnen werden. Anlage 1 enthält eine nicht abschließende Liste von Beseitigungsverfahren (§ 3 XXVI KrWG).
440	Erzeuger von Abfällen	ist jede natürliche oder juristische Person, 1. durch deren Tätigkeit Abfälle anfallen (Ersterzeuger) oder 2. die Vorbehandlungen, Mischungen oder sonstige Behandlungen vornimmt, die eine Veränderung der Beschaffenheit oder der Zusammensetzung dieser Abfälle bewirken (Zweiterzeuger) (§ 3 VIII KrWG).
441	Besitzer von Abfällen	ist jede natürliche oder juristische Person, die die tatsächliche Sachherrschaft über Abfälle hat (§ 3 IX KrWG), ohne dass ein Besitzbegründungswille bestehen muss.

442 **A. Ermächtigungsgrundlage: § 62 KrWG**

B. Formelle Rechtmäßigkeit

I. Zuständigkeit

1. sachlich: nach Landesrecht[82]
2. örtlich: § 3 I Nr. 2 VwVfG

II. Verfahren: Anhörung gem. § 28 I VwVfG

[82] Für NRW § 1 ZustVU NRW; für Baden-Württemberg § 23 LAbfG BW; für Bayern § 4 AbfZustV.

C. Materiellrechtliche Maßnahmen

I. Abfall

II. Verletzung einer abfallrechtlichen Pflicht

1. Verwertungspflicht nach § 7 II KrWG
2. Beseitigungspflicht nach § 15 I KrWG
3. Überlassungspflicht nach § 17 I KrWG

III. Richtiger Adressat

1. Abfallerzeuger
2. Abfallbesitzer

D. Rechtsfolge

I. Entschließungsermessen

II. Auswahlermessen

G. Beamtenrecht

Hinweis: Zu beachten ist, dass das Beamtenrecht in § 126 BRRG; § 54 BeamtStG sowie paralleln Vorschriften des Landesrechts eine aufdrängende Sonderzuweisung vorsieht. **443**

Beamtenernennung

A. Ermächtigungsgrundlage: § 10 I Nr. 1 BBG **444**

B. Formelle Rechtmäßigkeit

I. Zuständigkeit (Art. 60 GG iVm § 12 I BBG)

II. Verfahren

III. Form und Bestimmtheit (§ 10 II BBG)

IV. Wirksamkeitsfrist (§ 12 II 2 BBG)

C. Materielle Rechtmäßigkeit

I. Sachliche Voraussetzungen

1. Dienstherrnfähigkeit (§ 2 BBG)
2. Wahrnehmung von Hoheitsaufgaben (§ 5 BBG)

II. Persönliche Voraussetzungen
1. deutsche oder unionsstaatliche Staatsangehörigkeit (§ 7 I Nr. 1 BBG)
2. Verfassungstreue (§ 7 I Nr. 2 BBG)
3. spezifische Voraussetzungen für die Art des zu begründenden Beamtenverhältnisses (§ 7 I Nr. 3 BBG)
4. Eignung i.w.S. (Befähigung, fachliche Leistung, Eignung i.e.S.) (§ 9 S. 1 BBG)
5. Geschäftsfähigkeit (Ernennung ist mitwirkungsbedürftiger VA)
6. Amtsfähigkeit (Umkehrschluss aus § 13 I Nr. 3b BBG, § 45 StGB)
7. Alter
8. Inkompatibilität (vgl. Art. 137 GG)

III. Spezialregelungen für Beamte mit besonderer Rechtsstellung

IV. haushaltsrechtliche Voraussetzungen

D. Rechtsfolge: Ermessen

I. Ausübung des Ernennungsermessens

II. Einschränkung des Ernennungsermessens (Frauenförderung)

H. Ausländerrecht

I. Ausweisung

445	Ius sanguinis	„Recht des Blutes“: Erwerb der Staatsangehörigkeit durch Abstammung (sog. Abstammungsprinzip)
446	Ius soli	„Recht des Bodens“: Erwerb der Staatsangehörigkeit durch Geburt auf dem Territorium des Landes (sog. Territorialprinzip)
447	Einbürgerung	Erwerb der Staatsangehörigkeit durch Aushändigung einer Einbürgerungsurkunde. Nach der geltenden Rechtslage (§§ 10 ff. StAG) ist ein *Ausländer,* der seit acht Jahren rechtmäßig seinen gewöhnlichen Aufenthalt

	im Inland hat, auf Antrag einzubürgern, wenn er (1) ein positives Verhältnis zur freiheitlich demokratischen Grundordnung hat; (2) ein unbefristetes Aufenthaltsrecht besitzt; (3) seinen Lebensunterhalt und den seiner Familienangehörigen ohne Inanspruchnahme von Leistungen nach dem Zweiten oder Zwölften Buch des Sozialgesetzbuchs bestreiten kann; (4) seine bisherige Staatsangehörigkeit aufgibt oder verliert (Ausnahmen in § 12), (5) nicht wegen einer Straftat verurteilt worden ist, (6) über ausreichende Kenntnisse der dt. Sprache verfügt und (7) über Kenntnisse der Rechts- und Gesellschaftsordnung und der Lebensverhältnisse in Deutschland verfügt („Einbürgerungstest").

A. Ermächtigungsgrundlage: § 58 I AufenthG **448**

B. Formelle Rechtmäßigkeit

I. Zuständigkeit: § 71 I AufenthG

II. Verfahren: u.a. § 72 IV AufenthG

III. Form: § 77 I AufenthG

C. Materielle Rechtmäßigkeit

I. Ausreisepflicht, §§ 50 ff. AufenthG

II. Vollziehbarkeit der Ausreisepflicht

1. Unerlaubte Einreise, § 58 II 1 Nr. 1 iVm § 14 I AufenthG oder
2. Erforderlicher, aber fehlender Aufenthaltstitel, § 58 II 1 Nr. 2 AufenthG oder
3. Anerkennung einer Rückführungsentscheidung, § 58 II 1 Nr. 3 AufenthG

III. Abschiebungsgrund

1. Nicht gesicherte Erfüllung der Ausreisepflicht, § 58 I 1 Alt. 1 AufenthG oder

2. Überwachungsbedürftigkeit, § 58 I 1 Alt. 2 iVm III AufenthG

IV. Kein Abschiebungshindernis, § 60 AufenthG

II. Aufenthaltserlaubnis

449 **A. Ermächtigungsgrundlage: §§ 7, 9 AufenthG**

B. Formelle Rechtmäßigkeit

I. Zuständigkeit

1. sachlich: § 71 I 1 AufenthG iVm Landesrecht[83]

2. örtlich: nach Landesrecht[84]

II. Beteiligung anderer Stellen: §§ 72 ff. AufenthG

C. Materielle Rechtmäßigkeit

I. Allgemeine Voraussetzungen (§ 5 AufenthG)

1. Sicherung des Lebensunterhalts

2. Kein objektiver Ausweisungsgrund

II. Besondere Voraussetzungen des jeweiligen Titels (zB § 27 Ia AufenthG)

III. Keine Versagungsgründe

1. § 5 IV iVm § 54 Nr. 5 AufenthG

2. § 10 III 2 AufenthG

3. § 11 I 2 AufenthG

D. Rechtsfolge

i.d.R. Ermessen; ausnahmsweise gebundene Entscheidung (§ 30 I AufenthG)

---

[83] Für NRW § 1 ZustAVO; für Baden-Württemberg § 2 AAZuVO; für Bayern § 1 ZustVAuslR.

[84] Für NRW § 4 I OBG NRW; für Baden-Württemberg § 3 AAZuVO; für Bayern § 5 ZustVAuslR.

I. Straßenrecht

Sondernutzungserlaubnis

Öffentliche Straße	Straßen, Wege und Plätze, die dem öffentlichen Verkehr gewidmet sind.	**450**
Gemeingebrauch	Jedermann gewährte öffentlich-rechtliche Berechtigung, die öffentliche Straße ohne besondere Zulassung zu benutzen. Sein Inhalt und Umfang werden abstrakt durch das Gesetz umrissen und durch die Widmungsverfügung konkretisiert.	**451**
Erweiterter Gemeingebrauch (auch Anliegergebrauch)	Recht für Straßenanlieger, in geschlossener Ortslage die an die Grundstücke angrenzenden Straßenteile grundsätzlich über den Gemeingebrauch hinaus zu benutzen, vgl. § 14a StrWG NRW.	**452**
Kommunikativer Gemeingebrauch	Nutzungen der Straße über eine bloße Ortsveränderung und zum Aufenthalt hinaus als Stätten des Informations- und Meinungsaustauschs sowie der Pflege menschlicher Kontakte.	**453**
Sondernutzung	Die Benutzung der Straßen über den Gemeingebrauch ist Sondernutzung (§ 8 I 1 FStrG sowie landesrechtliche Regelungen; bspw. § 14 I 1 StrWG NRW).	**454**

A. Ermächtigungsgrundlage: StrWG der Länder,[85] § 8 I 2 FStrG 455

B. Formelle Rechtmäßigkeit

I. Zuständigkeit

1. sachlich: nach § 8 I 2 FStrG Straßenbaubehörde oder Gemeinde; nach StrWG Straßenbaubehörden[86]

2. örtlich: § 3 I Nr. 1 VwVfG

II. Verfahren

[85] Für NRW § 18 I 2 StrWG NRW; für Baden-Württemberg § 16 I 1 StrG BW; für Bayern Art. 18 I 1 BayStrWG.

[86] Für NRW §§ 18 I 2, 56 StrWG NRW; für Baden-Württemberg §§ 16 II 1, 50 StrG BW; für Bayern Art. 18 I 1, 58 BayStrWG.

C. Materielle Rechtmäßigkeit

I. Anwendbarkeit des Gesetzes

1. des FStrG

2. der LStrWG

a) Öffentliche Straßen

b) die keine Bundesfernstraßen sind

II. Sondernutzung (↔ Gemeingebrauch, gesteigerter Gemeingebrauch, kommunikativer Gemeingebrauch)

D. Rechtsfolge: Ermessen

Sechster Abschnitt: Verwaltungsprozessrecht

A. Anfechtungsklage

A. Zulässigkeit 456

Klausurhinweis: Im Folgenden sind die Punkte IV 1., 3.–6. nicht zwingend zu prüfen (*Maurer/Waldhoff*, AllgVerwR, 19. Aufl. 2017, § 10 Rn. 81).

[0. Deutsche Gerichtsbarkeit (§§ 18, 19 GVG analog)]

I. Eröffnung des Verwaltungsrechtswegs

1. Keine aufdrängende Sonderzuweisung
2. § 40 I 1 VwGO
   a) Vorliegen einer öffentlich-rechtlichen Streitigkeit
   b) Nicht-verfassungsrechtlicher Art
3. Keine abdrängende Sonderzuweisung (§ 40 II VwGO)

II. Statthafte Klageart (§ 42 I VwGO)

1. Verwaltungsakt → § 35 S. 1 VwVfG oder Teil eines VA („soweit")
2. Klagebegehren ist auf Aufhebung eines VA gerichtet.

III. Besondere Sachentscheidungsvoraussetzungen

1. Klagebefugnis (§ 42 II VwGO)
2. Ordnungsgemäße Durchführung des Vorverfahrens (§§ 68, 70 I 1 VwGO) → Rn. 458.
3. Frist (§ 74 [evtl. iVm § 58 II) VwGO)

IV. Sonstige allgemeine Sachentscheidungsvoraussetzungen

1. Zuständiges Gericht
   a) Sachliche Zuständigkeit (§§ 45 ff. VwGO iVm Landesrecht)
   b) Örtliche Zuständigkeit (§§ 52 ff. VwGO)
2. Beteiligtenfähigkeit (§ 61 VwGO) und Prozessfähigkeit (§ 62 VwGO) bzw. ordnungsgemäße Prozessvertretung

3. Prozessführungsbefugnis (§ 78 VwGO)
4. Allgemeines Rechtsschutzbedürfnis
5. Ordnungsgemäße Klageerhebung (§ 82 VwGO)
6. Fehlen einer anderweitigen Rechtshängigkeit (§ 90 S. 1 VwGO) und einer rechtskräftigen Entscheidung in derselben Sache (vgl. § 121 VwGO)

B. Ggf. Beiladung

C. Begründetheit

Die Klage ist begründet, soweit der Erlass des VA rechtswidrig und der Kläger dadurch in seinen Rechten verletzt ist, vgl. § 113 I 1 VwGO.

I. Rechtswidrigkeit des Verwaltungsaktes

II. Verletzung subjektiver Rechte des Klägers (korrespondiert mit Klagebefugnis)

D. Entscheidung

I. (Teil-)Aufhebung des VA nach § 113 I 1 VwGO

II. Evtl. prozessuale Kombination mit FBA (S. 2).

B. Verpflichtungsklage

457 **A. Zulässigkeit**

Klausurhinweis: Im Folgenden sind die Punkte IV 1., 3.–6. nicht zwingend zu prüfen (*Maurer/Waldhoff*, AllgVerwR, 19. Aufl. 2017, § 10 Rn. 81 f.).

[0. Deutsche Gerichtsbarkeit (§§ 18, 19 GVG analog)]

I. Eröffnung des Verwaltungsrechtswegs

1. Keine aufdrängende Sonderzuweisung
2. § 40 I 1 VwGO
   a) Vorliegen einer öffentlich-rechtlichen Streitigkeit
   b) Nicht-verfassungsrechtlicher Art
3. Keine abdrängende Sonderzuweisung (§ 40 II VwGO)

II. Statthafte Klageart (§ 42 I VwGO)

1. Verwaltungsakt → § 35 S. 1 VwVfG oder Teil eines VA („soweit")
2. Klagebegehren ist auf Erlass eines VA gerichtet.

III. Besondere Sachentscheidungsvoraussetzungen

1. Klagebefugnis (§ 42 II VwGO)
2. Ordnungsgemäße Durchführung des Vorverfahrens (§§ 68, 70 I 1 VwGO) → Rn. 458.
3. Frist (§ 74 VwGO)

IV. Sonstige allgemeine Sachentscheidungsvoraussetzungen

1. Zuständiges Gericht
   a) Sachliche Zuständigkeit (§§ 45 ff. VwGO)
   b) Örtliche Zuständigkeit (§§ 52 ff. VwGO)
2. Beteiligtenfähigkeit (§ 61 VwGO) und Prozessfähigkeit (§ 62 VwGO) bzw. ordnungsgemäße Prozessvertretung
3. Prozessführungsbefugnis (§ 78 VwGO)
4. Allgemeines Rechtsschutzbedürfnis
5. Ordnungsgemäße Klageerhebung (§ 82 VwGO)
6. Fehlen einer anderweitigen Rechtshängigkeit (§ 90 S. 1 VwGO) und einer rechtskräftigen Entscheidung in derselben Sache (vgl. § 121 VwGO)

B. Ggf. Beiladung

C. Begründetheit

Die Klage ist begründet, soweit die Unterlassung/Versagung des (nebenbestimmungsfreien) VA rechtswidrig und der Kläger dadurch in seinen Rechten verletzt ist, vgl. § 113 V VwGO (*man prüft in der Sache, ob die Beklagte den begehrten VA erlassen kann und ggf. muss).*

I. Anspruch auf Erlass des VA

II. Verletzung subjektiver Rechte des Klägers (korrespondiert mit Klagebefugnis)

III. Spruchreife

D. Entscheidung

C. Widerspruch

458 **A. Zulässigkeit**

I. Statthaftigkeit des Widerspruchs

II. Formgerechte Einlegung des Widerspruchs (§ 70 VwGO)

III. Vorliegen einer öffentlich-rechtlichen Streitigkeit analog § 40 I VwGO

IV. Vorliegen eines widerspruchsfähigen VAs gem. § 68 VwGO, der sich nicht erledigt hat

V. Einlegung des Widerspruchs bei der zuständigen Behörde (Ausgangs- oder Widerspruchsbehörde), (§§ 70, 73 VwGO)

VI. Beteiligtenfähigkeit gem. § 79 VwVfG iVm § 11 VwVfG; Handlungsfähigkeit (§ 79 VwVfG iVm § 12 VwVfG) sowie evtl. Hinzuziehung von Bevollmächtigten und Beiständen (§ 79 VwVfG iVm § 14 VwVfG)

VII. Widerspruchsbefugnis analog § 42 II VwGO

VIII. Widerspruchsinteresse, für das die Grundsätze über das Rechtsschutzbedürfnis im gerichtlichen Verfahren entsprechend Anwendung finden

IX. Widerspruchsfrist gem. §§ 70, 58 VwGO

B. Begründetheit

C. Entscheidung

D. Fortsetzungsfeststellungsklage

459 Erledigung	Wegfall der rechlichen Beschwer aus tatsächlichen oder rechtlichen Gründen.

460 **A. Zulässigkeit**

Klausurhinweis: Im Folgenden sind die Punkte IV 1., 3.–6. nicht zwingend zu prüfen.

[0. Deutsche Gerichtsbarkeit (§§ 18, 19 GVG analog)]

I. Eröffnung des Verwaltungsrechtswegs

1. Keine aufdrängende Sonderzuweisung
2. § 40 I 1 VwGO
   a) Vorliegen einer öffentlich-rechtlichen Streitigkeit
   b) Nicht-verfassungsrechtlicher Art
3. Keine abdrängende Sonderzuweisung (§ 40 II VwGO)

II. Statthafte Klageart (§ 113 I 4 VwGO, ggf. analog)

1. Erledigung des VA (grds. vor Klageerhebung; analoge Anwendung bei Erledigung nach Klageerhebung)
2. Klagebegehren ist auf Feststellung der Nichtigkeit des VA gerichtet.

III. Besondere Sachentscheidungsvoraussetzungen

1. Klagebefugnis (§ 42 II VwGO analog; str. bei Erledigung nach Klageerhebung)
2. Ordnungsgemäße Durchführung des Vorverfahrens (§§ 68, 70 I 1 VwGO) (str. bei Erledigung nach Klageerhebung)
3. Frist (§ 74 VwGO) (str. bei Erledigung nach Klageerhebung)
4. Besonderes Feststellungsinteresse

   Fallgruppen: konkrete Wiederholungsgefahr, sich typischerweise kurzfristig erledigende Grundrechtseingriffe, Vorbereitung von Amtshaftungsprozessen, (nur bei Erledigung vor Klageerhebung), Rehabilitierungsinteresse

IV. Sonstige allgemeine Sachentscheidungsvoraussetzungen

1. Zuständiges Gericht
   a) Sachliche Zuständigkeit (§§ 45 ff. VwGO)
   b) Örtliche Zuständigkeit (§§ 52 ff. VwGO)
2. Beteiligtenfähigkeit (§ 61 VwGO) und Prozessfähigkeit (§ 62 VwGO) bzw. ordnungsgemäße Prozessvertretung
3. Prozessführungsbefugnis (§ 78 VwGO)
4. Allgemeines Rechtsschutzbedürfnis
5. Ordnungsgemäße Klageerhebung (§ 82 VwGO)

6. Fehlen einer anderweitigen Rechtshängigkeit (§ 90 S. 1 VwGO) und einer rechtskräftigen Entscheidung in derselben Sache (vgl. § 121 VwGO)

B. Ggf. Beiladung

C. Begründetheit

I. Rechtswidrigkeit des Verwaltungsaktes

II. Verletzung subjektiver Rechte des Klägers (korrespondiert mit Klagebefugnis)

D. Entscheidung

E. Feststellungsklage

461	Öffentlich-rechtliches Rechtsverhältnis	Jede durch öffentlich-rechtliche Norm, durch öffentlich-rechtlichen Vertrag oder Verwaltungsakt begründete rechtliche Beziehung zwischen zwei Rechtssubjekten oder einem Rechtssubjekt und einer Sache.
462	Feststellungsinteresse	Jedes schutzwürdige rechtliche, wirtschaftliche, persönliche und sogar ideelle Interesse.

463 **A. Zulässigkeit**

Klausurhinweis: Im Folgenden sind die Punkte IV 1., 3.–6. nicht zwingend zu prüfen.

[0. Deutsche Gerichtsbarkeit (§§ 18, 19 GVG analog)]

I. Eröffnung des Verwaltungsrechtswegs

1. Keine aufdrängende Sonderzuweisung

2. § 40 I 1 VwGO

a) Vorliegen einer öffentlich-rechtlichen Streitigkeit

b) Nicht-verfassungsrechtlicher Art

3. Keine abdrängende Sonderzuweisung (§ 40 II VwGO)

II. Statthafte Klageart (§ 43 I VwGO)

1. Bestehen oder Nichtbestehen eines Rechtsverhältnisses (§ 43 I Alt. 1 VwGO)

a) öffentlich-rechtliches Rechtsverhältnis

b) hinreichend konkretes Rechtsverhältnis

c) keine Subsidiarität nach § 43 II 1 VwGO

2. Nichtigkeit eines Verwaltungsakts (§ 43 I Alt. 2 VwGO

III. Besondere Sachentscheidungsvoraussetzungen

1. Klagebefugnis (§ 42 II VwGO analog; str.)

2. Berechtigtes Feststellungsinteresse

IV. Sonstige allgemeine Sachentscheidungsvoraussetzungen

1. Zuständiges Gericht

a) Sachliche Zuständigkeit (§§ 45 ff. VwGO)

b) Örtliche Zuständigkeit (§§ 52 ff. VwGO)

2. Beteiligtenfähigkeit (§ 61 VwGO) und Prozessfähigkeit (§ 62 VwGO) bzw. ordnungsgemäße Prozessvertretung

3. Prozessführungsbefugnis (§ 78 VwGO)

4. Allgemeines Rechtsschutzbedürfnis

5. Ordnungsgemäße Klageerhebung (§ 82 VwGO)

6. Fehlen einer anderweitigen Rechtshängigkeit (§ 90 S. 1 VwGO) und einer rechtskräftigen Entscheidung in derselben Sache (vgl. § 121 VwGO)

B. Ggf. Beiladung

C. Begründetheit

Die Feststellungsklage ist begründet, soweit das behauptete Rechtsverhältnis besteht oder nicht besteht (Alt. 1) oder soweit der Verwaltungsakt nichtig ist (Alt. 2).

D. Entscheidung

F. Leistungsklage

464 **A. Zulässigkeit**

Klausurhinweis: Im Folgenden sind die Punkte IV 1., 3.–6. nicht zwingend zu prüfen.

[0. Deutsche Gerichtsbarkeit (§§ 18, 19 GVG analog)]

I. Eröffnung des Verwaltungsrechtswegs

1. Keine aufdrängende Sonderzuweisung

2. § 40 I 1 VwGO

a) Vorliegen einer öffentlich-rechtlichen Streitigkeit

b) Nicht-verfassungsrechtlicher Art

3. Keine abdrängende Sonderzuweisung (§ 40 II VwGO)

II. Statthafte Klageart: Leistungsklage (in §§ 43 II, 111, 113 IV VwGO vorausgesetzt und durch Art. 19 IV GG geboten)

1. Vornahmeklage

2. Unterlassungsklage

III. Besondere Sachentscheidungsvoraussetzungen:

Klagebefugnis analog § 42 II VwGO

IV. Allgemeine Sachentscheidungsvoraussetzungen

1. Zuständiges Gericht

a) Sachliche Zuständigkeit (§§ 45 ff. VwGO)

b) Örtliche Zuständigkeit (§§ 52 ff. VwGO)

2. Beteiligtenfähigkeit (§ 61 VwGO) und Prozessfähigkeit (§ 62 VwGO) bzw. ordnungsgemäße Prozessvertretung

3. Prozessführungsbefugnis (§ 78 VwGO analog)

4. Rechtsschutzbedürfnis

5. Ordnungsgemäße Klageerhebung (§ 82 VwGO)

6. Fehlen einer anderweitigen Rechtshängigkeit (§ 90 S. 1 VwGO) und einer rechtskräftigen Entscheidung in derselben Sache (vgl. § 121 VwGO)

B. Ggf. Beiladung

C. Begründetheit

Die allgemeine Leistungsklage ist begründet, wenn der geltend gemachte Anspruch auf Leistung bzw. Unterlassung besteht.

D. Entscheidung

G. Normenkontrolle

A. Zulässigkeit 465

Klausurhinweis: Im Folgenden sind die Punkte IV 1., 3.–6. nicht zwingend zu prüfen.

[0. Deutsche Gerichtsbarkeit (§§ 18, 19 GVG analog)]

I. Eröffnung des Verwaltungsrechtswegs
   1. Keine aufdrängende Sonderzuweisung
   2. § 47 I iVm § 40 I 1 VwGO
      a) Vorliegen einer öffentlich-rechtlichen Streitigkeit
      b) Nicht-verfassungsrechtlicher Art
   3. Keine abdrängende Sonderzuweisung (§ 40 II VwGO)

II. Statthaftigkeit
   1. Verkündete Satzungen nach dem BauGB, § 47 I Nr. 1 VwGO
   2. andere im Rang unter dem Landesgesetz stehende Rechtsvorschriften, sofern das Landesrecht dies bestimmt[87]

III. Besondere Sachentscheidungsvoraussetzungen
   1. Antragsbefugnis, § 47 II 1 VwGO
   2. Frist, § 47 II 1 VwGO
   3. Richtiger Antragsgegner, § 47 II 2 VwGO

IV. Allgemeine Sachentscheidungsvoraussetzungen
   1. Zuständiges Gericht (§ 47 I iVm Landesrecht): OVG bzw. VGH

---

[87] In NRW keine Bestimmung; für Baden-Württemberg § 4 AGVwGO BW; für Bayern Art. 5 AGVwGO BY.

2. Beteiligtenfähigkeit (§ 47 II 1, 2 VwGO *oder* § 61 VwGO) und Prozessfähigkeit (§ 62 VwGO) bzw. ordnungsgemäße Prozessvertretung
3. Prozessführungsbefugnis (§ 47 II 2 VwGO)
4. Rechtsschutzbedürfnis
5. schriftlicher Antrag, § 47 II VwGO
6. Fehlen einer anderweitigen Rechtshängigkeit (§ 90 S. 1 VwGO) und einer rechtskräftigen Entscheidung in derselben Sache (vgl. § 121 VwGO)

B. Begründetheit

Der Antrag ist begründet, wenn die angegriffene Norm mit höherrangigem Recht nicht vereinbar und damit ungültig ist.

Im Gegensatz zu § 113 I 1 VwGO bedarf es einer tatsächlichen subjektiven Rechtsverletzung des Klägers nicht, da das Normenkontrollverfahren ein objektives Rechtsbeanstandungsverfahren ist (vgl. hierzu den Wortlaut des § 47 I VwGO).

C. Entscheidung

H. Einstweiliger Rechtsschutz

I. § 80 V VwGO

466 **A. Zulässigkeit**

Klausurhinweis: Im Folgenden sind die Punkte IV 1., 3., 5. nicht zwingend zu prüfen

[0. Deutsche Gerichtsbarkeit (§§ 18, 19 GVG analog)]

I. Eröffnung des Verwaltungsrechtswegs
   1. Keine aufdrängende Sonderzuweisung
   2. § 40 I 1 VwGO
      a) Vorliegen einer öffentlich-rechtlichen Streitigkeit
      b) Nicht-verfassungsrechtlicher Art
   3. Keine abdrängende Sonderzuweisung (§ 40 II VwGO)

II. Statthaftigkeit
   1. Abgrenzung zu § 123 VwGO (vgl. § 123 V VwGO: Vorrang von §§ 80, 80a VwGO)

Ein Antrag nach § 80 V VwGO ist statthaft, wenn in der Hauptsache eine Anfechtungsklage (§ 42 I Alt. 1 VwGO) oder ein Anfechtungswiderspruch (§ 68 I 1 VwGO) statthaft wäre. Erforderlich ist also Vorliegen eines anfechtbaren VA iSd § 35 S. 1 VwVfG.

2. Rechtsbehelf ohne aufschiebende Wirkung (§ 80 II 1 Nr. 1–4 VwGO)

   Der Antrag muss darauf gerichtet sein, die aufschiebende Wirkung des Anfechtungswiderspruchs bzw. der Anfechtungsklage anzuordnen bzw. wiederherzustellen.

   a) Anordnung der aufschiebenden Wirkung (§ 80 V 1 Alt. 1 VwGO

      aa) Öffentliche Abgaben und Kosten (§ 80 II 1 Nr. 1 VwGO)

      bb) Unaufschiebbare Maßnahmen der Vollzugspolizei (§ 80 II 1 Nr. 2 VwGO)

      cc) Gesetzlicher Ausschluss der unaufschiebenden Wirkung (§ 80 II Nr. 3 VwGO); bspw. § 212a BauGB, § 126 III Nr. 3 BRRG; keine aufschiebende Wirkung von Rechtsbehelfen gegen Maßnahmen der Verwaltungsvollstreckung

   b) Wiederherstellung der aufschiebenden Wirkung (§ 80 V 1 Alt. 2 VwGO) → § 80 II Nr. 4 VwGO (Rn. 467)

III. Besondere Sachentscheidungsvoraussetzungen

1. Nicht offensichtlich unzulässige Klageerhebung
2. Antragsbefugnis (§ 42 II VwGO analog)

IV. Allgemeine Sachentscheidungsvoraussetzungen

1. Zuständiges Gericht
   a) Sachliche Zuständigkeit (§§ 45 ff. VwGO)
   b) Örtliche Zuständigkeit (§§ 52 ff. VwGO)
2. Beteiligtenfähigkeit (§ 61 VwGO) und Prozessfähigkeit (§ 62 VwGO) bzw. ordnungsgemäße Prozessvertretung
3. Prozessführungsbefugnis (§ 78 VwGO)
4. Rechtsschutzbedürfnis
   a) Vorheriger Antrag bei Behörde (str.)
   b) Rechtsbehelf eingelegt
5. Ordnungsgemäßer Antrag (§ 82 VwGO analog)

B. Begründetheit

Dabei ist zu prüfen, ob das öffentliche Interesse an einer Vollziehung des VA die Interessen des Antragstellers überwiegt. Das ist insb. dann nicht der Fall, wenn eine *summarische Prüfung* der Erfolgsaussichten des Rechtsbehelfs in der Hauptsache ergibt, dass erkennbare Zweifel an der Rechtmäßigkeit des VA bestehen.

C. Entscheidung

II. Anordnung sofortiger Vollziehung (§ 80 II Nr. 4 VwGO)

467 **A. Ermächtigungsgrundlage:** § 80 II Nr. 4 VwGO

B. Formelle Rechtmäßigkeit

I. Zuständigkeit der Behörde, die den VA erlassen hat

II. Verfahren, insb. Anhörung nach § 28 I VwVfG analog (str.)

III. Form: Schriftliche Begründung des öffentlichen Interesses

C. Materielle Rechtmäßigkeit

I. Rechtmäßigkeit des VA, der für sofort vollziehbar erklärt werden soll

II. Abwägung: Vollzugsinteresse der Behörde oder eines Dritten muss das Aussetzungsinteresse des Adressaten überwiegen

D. Entscheidung

III. § 123 VwGO

468 **A. Zulässigkeit**

Klausurhinweis: Im Folgenden sind die Punkte IV 1., 3., 5. nicht zwingend zu prüfen.

[0. Deutsche Gerichtsbarkeit (§§ 18, 19 GVG analog)]

I. Eröffnung des Verwaltungsrechtswegs

1. Keine aufdrängende Sonderzuweisung
2. § 40 I 1 VwGO
   a) Vorliegen einer öffentlich-rechtlichen Streitigkeit
   b) Nicht-verfassungsrechtlicher Art

3. Keine abdrängende Sonderzuweisung (§ 40 II VwGO)

II. Statthaftigkeit

1. § 123 V VwGO (Abgrenzung zu §§ 80, 80a VwGO)
2. Bestimmung der statthaften Anordnungsart
   a) Sicherungsanordnung (§ 123 I 1 VwGO)
   b) Regelungsanordnung (§ 123 I 2 VwGO)

III. Besondere Sachentscheidungsvoraussetzungen

Antragsbefugnis (§ 42 II VwGO analog)

IV. Allgemeine Sachentscheidungsvoraussetzungen

1. Zuständiges Gericht (§ 123 II 1, 2 iVm §§ 45 ff. VwGO)
2. Beteiligtenfähigkeit (§ 61 VwGO) und Prozessfähigkeit (§ 62 VwGO) bzw. ordnungsgemäße Prozessvertretung
3. Prozessführungsbefugnis (§ 78 VwGO)
4. Rechtsschutzbedürfnis
5. Form (§§ 123 III VwGO iVm § 920 I, III ZPO)

B. Begründetheit

I. Glaubhaftmachung des Anordnungsanspruchs

II. Glaubhaftmachung des Anordnungsgrunds (Eilbedürftigkeit)

1. Bei Sicherungsanordnung: Gefahr der Vereitelung oder Erschwerung des Rechts infolge drohender Veränderung des Status Quo
2. bei Regelungsanordnung: Drohen wesentlicher Nachteile oder von Gefahr oder sonstige Gründe für Eilbedürftigkeit

III. Verbot der Vorwegnahme der Hauptsache

C. Entscheidung

Siebter Abschnitt: Europarecht

A. Grundfreiheiten

*Hinweis:*Die Grundfreiheiten sind für EU-Bürger unmittelbar anwendbar; die Prüfung erfolgt entsprechend einer Grundrechteprüfung.

Richtlinie	Die Mitgliedstaaten sind verpflichtet, diese in individuelle einzelstaatliche Rechte umzusetzen, innerhalb einer bestimmten Frist. Verbindlich hinsichtlich des zu erreichenden Ziels, innerstaatlich besteht jedoch die Wahl der Form und der Mittel der Umsetzung.	**469**
Verordnung	hat allgemeine Geltung, ist in allen ihren Teilen verbindlich und gilt unmittelbar in jedem Mitgliedstaat.	**470**

I. Warenverkehrsfreiheit (Art. 34 ff. AEUV)

Unionsware	*Ware* ist grds. jeder körperliche Gegenstand, der einen Geldwert hat und Gegenstand eines Handelsgeschäfts sein kann. Der *unionsrechtliche* Bezug ergibt sich daraus, dass die Ware entweder aus einem Mitgliedstaat stammt oder zwar aus einem Drittstaat stammt, sich aber gem. Art. 29 AEUV in einem Mitgliedstaat im freien Verkehr befindet. (vgl. Art. 28 II AEUV)	**471**
Handelsbeschränkung	Mengenmäßige Beschränkung der Ein- und Ausfuhr von Waren.	**472**
Maßnahme gleicher Wirkung	Jede Maßnahme, die unmittelbar, mittelbar, tatsächlich oder potenziell den Binnenhandel behindern kann (*Dassonville*-Formel). Ausgenommen hiervon sind diskriminierungsfreie Verkaufsmodalitäten (*Keck*-Formel).	**473**

474 **A. Schutzbereich**

I. Unionsware

II. grenzüberschreitender Sachverhalt: Ware muss die Grenze eines Mitgliedstaates überschreiten

B. Eingriff

Jede staatliche Maßnahme in Form einer Handelsbeschränkung oder jede Maßnahme gleicher Wirkung (Art. 34, 35 AEUV).

C. Rechtfertigung

I. Ausnahme nach Art. 36 AEUV

II. Verhältnismäßigkeit (Cassis-Rechtsprechung)

II. Arbeitnehmerfreizügigkeit (Art. 45 ff. AEUV)

475	Arbeitnehmer	Jede natürliche Person, die Staatsangehöriger eines Mitgliedstaates ist, weisungsgebunden, d.h. unselbstständig, Leistungen von einem gewissen wirtschaftlichen Wert für einen anderen erbringt und als Gegenleistung eine Vergütung erhält (daher auch: Beamte, Referendare, Auszubildende), soweit sie nicht unter Art. 45 IV AEUV fallen (Beschäftigte der öffentlichen Verwaltung, die unmittelbar hoheitliche Gewalt ausüben; bspw. Richter, Polizisten, Soldaten).
476	Arbeitsbeschränkung	Unterschiedslos geltende Maßnahme, die Unionsbürger davon abhalten, von ihren Rechten aus Art. 45 AEUV Gebrauch zu machen.
477	Maßnahme gleicher Wirkung	Nicht lediglich Beschäftigungsmodalitäten (Keck).

478 **A. Schutzbereich**

I. Arbeitnehmer

II. Grenzüberschreitender Sachverhalt

B. Eingriff

Jede staatliche Maßnahme in Form einer Arbeitsbeschränkung oder Maßnahme gleicher Wirkung.

C. Rechtfertigung

I. Art. 45 III AEUV *oder* sonstige zwingende Gründe des Allgemeinwohls (Cassis bzw. Gebhard-Formel) *und*

II. Verhältnismäßigkeit

III. Niederlassungsfreiheit (Art. 49 ff. AEUV)

Niederlassung	Aufnahme und Ausübung selbständiger Erwerbstätigkeiten, d.h. der Ort, von dem aus ein Unionsbürger in regelmäßiger Wiederkehr und kontinuierlich weisungsunabhängig sein Gewerbe oder seinen Beruf ausübt, soweit die Tätigkeit nicht dauernd oder zeitweise mit der Ausübung öffentlicher Gewalt verbunden ist.	**479**

A. Schutzbereich **480**

I. Niederlassung

II. Grenzüberschreitender Sachverhalt

B. Eingriff

Jede staatliche Maßnahme in Form einer Beschränkung der Niederlassungsfreiheit oder Maßnahme gleicher Wirkung.

C. Rechtfertigung

s.o.

IV. Dienstleistungsfreiheit (Art. 56 ff. AEUV)

Dienstleistung	Jede gegen Entgelt erbrachte Leistung, soweit sie nicht den Vorschriften über den freien Waren- und Kapitalverkehr oder die Freizügigkeit der Personen unterliegen; beispielhafte Aufzählung in Art. 57 II AEUV.	**481**

482 **A. Schutzbereich**

I. Dienstleistung

II. Grenzüberschreitender Sachverhalt

B. Eingriff

Jede staatliche Maßnahme in Form einer Beschränkung des freien Dienstleistungsverkehrs oder Maßnahme gleicher Wirkung.

C. Rechtfertigung

I. Art. 62 AEUV iVm Art. 52 I AEUV *oder* zwingende Gründe des Allgemeinwohls (Cassis- bzw. Gebhard-Formel)

und

II. Verhältnismäßigkeit

V. Kapitalverkehrsfreiheit (Art. 63 ff. AEUV)

483	Kapitalverkehr	Jede einseitige Wertübertragung von Sach- oder Geldkapital von einem Mitgliedstaat in einen anderen, die zugleich eine Vermögensanlage darstellt, z.B. Immobilienerwerb, Unternehmensbeteiligungen, Wertpapiere.
484	Zahlungsverkehr	Grenzüberschreitende Übertragung von Zahlungsmitteln i.S. einer Gegenleistung bspw. für Warenlieferungen oder Dienstleistungen.

485 **A. Schutzbereich**

I. Kapitalverkehr oder Zahlungsverkehr

II. Grenzüberschreitender Sachverhalt

B. Eingriff

Jede staatliche Maßnahme in Form einer Beschränkung des freien Kapital- und Zahlungsverkehrs sowie Maßnahme gleicher Wirkung.

C. Rechtfertigung

I. Rechtfertigungsgründe nach Art. 64, 65 AEUV oder zwingende Gründe des Allgemeinwohls (Cassis) und

II. Verhältnismäßigkeit

VI. Allgemeines Diskriminierungsverbot nach Art. 18 I AEUV

Diskriminierung	*Offene*: Differenzierung anhand Staatsangehörigkeit; *versteckte*: Differenzierung anhand anderer Kriterien, die sich aber faktisch weit überwiegend oder typischerweise auf fremde Staatsangehörige auswirkt.	**486**

A. Schutzbereich **487**

I. Sachverhalt mit Anknüpfungsmoment im Unionsrecht

II. Subsidiarität gegenüber besonderen Diskriminierungsverboten

B. Eingriff: Diskriminierung

C. Rechtfertigung

I. Objektive, von der Staatsangehörigkeit des Betroffenen unabhängige Erwägungen

II. Verhältnismäßigkeit

B. Grundrechte

I. Freiheitsrechte

A. Vorprüfung: Anwendbarkeit der GrCh („Anwendbarkeit des Unionsrechts"; Art. 51 GrCh) **488**

B. Eröffnung des Schutzbereichs

I. Persönlicher Schutzbereich

II. Sachlicher Schutzbereich

C. Eingriff

D. Verfassungsrechtliche Rechtfertigung

I. Einschränkbarkeit des Grundrechts, d.h. allgemeiner (Art. 52 I 1, 2 GrCh) oder spezieller (bspw. Art. 17 I 3 GrCh) Schrankenvorbehalt oder kollidierendes Verfassungsrecht

II. Verfassungsgemäße Konkretisierung durch Gesetz (vgl. hierzu Art. 289, 294 AEUV)

1. Verfassungsmäßigkeit bzw. Rechtmäßigkeit des Gesetzes

2. (bei Schrankenvorbehalt) Vereinbarkeit des Gesetzes mit Vorgaben des Grundrechts

III. Einzelmaßnahme als rechtmäßige Konkretisierung des Gesetzesvorbehalts

II. Gleichheitsrechte

489 **A. Vorprüfung: Anwendbarkeit der GrCh** („Anwendbarkeit des Unionsrechts"; Art. 51 GrCh)

B. Ungleichbehandlung

C. Unionsrechtliche Rechtfertigung

I. Sachlicher Grund

II. Verhältnismäßigkeit

C. Klagearten

I. Nichtigkeitsklage (Art. 263 f. AEUV)

490	Privilegierte Klageberechtigte	Europäisches Parlament, Rat der Europäischen Union und Mitgliedstaaten: müssen keine besondere Klageberechtigung aufweisen.
491	Teilprivilegiert Klageberechtigte	Rechnungshof, Europäische Zentralbank und der Auschuss der Regionen: insoweit klageberechtigt, als sie durch die Klage auf die Wahrung ihrer Rechte abzielen.
492	Nichtprivilegiert Klageberechtigte	Natürliche und juristische Personen: müssen subjektive Betroffenheit darlegen.
493	Unzuständigkeit	Ein Unionsorgan übt eine ihm nicht zugewiesene Befugnis aus.

A. Zulässigkeit 494

I. Zuständiges Gericht (vgl. Art. 256 I AEUV, Art. 51 SEuGH)

II. Beteiligtenfähigkeit

1. Aktiv klageberechtigt
2. Passiv klageberechtigt: Rat, Kommission, EP, ER, EZB Einrichtungen oder sonstige Stellen der Union

III. Klagegegenstand

1. Privilegiert sowie teilprivilegiert Klageberechtigte: Verbindliche Rechtsakte der Organe sowie Handlungen der Einrichtungen und sonstige Stellen der Union
2. Nichtprivilegiert Klageberechtigte: An Kläger gerichtete Handlungen; sonstige Handlungen/an Dritte gerichtete Handlungen; Rechtsakte mit VO-Charakter, die keine Durchführungsmaßnahmen nach sich ziehen

IV. Klagebefugnis

1. Privilegierte Kläger: Ohne weitere Voraussetzungen
2. Teilprivilegierte Kläger: Nur klagebefugt, wenn Verletzung eigener Kompetenzen
3. Nichtprivilegierte Kläger
   a) Kein gesonderter Nachweis eines Interesses bei Klagen gegen an sie gerichtete Handlungen
   b) Unmittelbare und individuelle Betroffenheit, bei Klage gegen an Dritte gerichtete Handlungen
   c) Im Falle der Klageerhebung gegen Rechtsakte mit VO-Charakter, die keine Durchführungsmaßnahmen nach sich ziehen, ist die unmittelbare Betroffenheit des Klägers erforderlich

V. Geltendmachung eines Nichtigkeitsgrundes (s. Begründetheit)

VI. Rechtsschutzbedürfnis: regelmäßig zu unterstellen

VII. Form und Frist

B. Begründetheit

I. Unzuständigkeit

II. Verletzung wesentlicher Formvorschriften

III. Verletzung der Verträge oder einer bei ihrer Durchführung anzuwendenden Rechtsnorm

IV. Ermessensmissbrauch

II. Untätigkeitsklage (Art. 265 f. AEUV)

495	Privilegierte Kläger	Mitgliedstaaten und Unionsorgane
496	Nicht privilegierte Kläger	Jede natürliche oder juristische Person

497 **A. Zulässigkeit**

I. Zuständiges Gericht

II. Beteiligtenfähigkeit

1. Aktiv klageberechtigt: Privilegierte und nicht privilegierte Kläger
2. Passiv klageberechtigt: Europäisches Parlament; Europäischer Rat, Kommission, Europäische Zentralbank, Einrichtungen und sonstige Stellen der Union

III. Klagegegenstand

1. Privilegierte Kläger: Vertragswidrige Untätigkeit
2. Nicht privilegierte Kläger
   a) Vertragswidriges Unterlassen, einen anderen Akt als eine Empfehlung oder Stellungnahme an sie zu richten
   b) Vertragswidriges Unterlassen, einen anderen Akt als eine Empfehlung oder Stellungnahme an einen Dritten zu richten

IV. Klagebefugnis

1. Privilegierte Kläger: ohne weitere Voraussetzungen klagebefugt
2. Nicht privilegierte Kläger
   a) wenn das Unterlassen gerügt wird, einen anderen Akt als eine Empfehlung oder Stellungnahme an sie zu richten: ohne weitere Voraussetzungen
   b) an Dritte: Kläger muss unmittelbar und individuell betroffen sein

V. Vorverfahren nach Art. 265 II AEUV

VI. Rechtschutzbedürfnis: Subsidiarität gegenüber der Nichtigkeitsklage

VII. Form und Frist

B. Begründetheit

(+), wenn das beklagte Unionsorgan es unter Verletzung einer sich aus dem primären oder sekundären Unionsrecht ergebenden Handlungspflicht unterlassen hat, einen Beschluss zu fassen (Art. 265 I AEUV) bzw. einen verbindlichen Rechtsakt an den Kläger zu richten (Art. 265 III AEUV)

III. Vertragsverletzungsverfahren (Art. 258, 259 AEUV)

A. Zulässigkeit 498

I. Zuständiges Gericht

II. Beteiligtenfähigkeit

1. Aktiv klageberechtigt: Kommission (Art. 258 AEUV)
2. Passiv klageberechtigt: Mitgliedstaaten (Art. 258, 259 AEUV)

III. Klagegegenstand: Behauptung, Mitgliedstaat habe durch sein (oder ein ihm zurechenbares) Verhalten gegen eine Vertragsverpflichtung verstoßen

IV. Klageberechtigung

V. Vorverfahren

1. Art. 258 AEUV

   Mahnschreiben der Kommission → Äußerung des MS → Stellungnahme → Bei Nichtbeachtung: Klage vor EuGH

2. Art. 259 AEUV

   Befassung der Kommission durch Antrag eines MS (Kontradiktorisches Verfahren, in dem die Komission dem beteiligten MS Gelegenheit zur mündlichen und schriftlichen Äußerung gibt) → Stellungnahme der Kommision

VI. Rechtsschutzbedürfnis

VII. Form und Frist

B. Begründetheit

(+), wenn gerügter Vertragsverstoß tatsächlich vorliegt und schlüssig ist.

IV. Vorabentscheidungsverfahren (Art. 267 AEUV)

499 **A. Annahmefähigkeit der Vorlagefrage**

I. Zuständigkeit des Gerichts: EuGH

II. Vorlagegegenstand (Art. 267 I AEUV): Vorlagefrage zur

1. Auslegung der Verträge
2. Gültigkeit und Auslegung der Handlungen der Union

III. Vorlageberechtigung eines Gerichts eines MS

IV. Vorlagerecht und Vorlagepflicht

V. Abstrakte Formulierung der Auslegungsfrage

VI. Entscheidungserheblichkeit nach Art. 267 II AEUV: Subjektive Einschätzung des nationalen Gerichts

B. Beantwortung der Frage durch Urteil des Gerichtshofs

I. Auslegungsfrage

1. Aufstellen von Auslegungskriterien
2. Bindung des vorlegenden Gerichts und aller anderen mit diesem Rechtsstreit befassten Gerichte
3. Außerhalb des Rechtsstreit: Vorlagepflicht, sofern ein Gericht von Auslegung abweichen will

II. Gültigkeitsfrage

1. Feststellung der (Un-)Gültigkeit der Unionshandlung anhand von höherrangigem Recht
2. Keine allgemeine Bindungswirkung bei Gültigerklärung
3. Bei Ungültigerklärung: Faktische erga omnes Wirkung

Achter Abschnitt: Völkerrecht

A. Allgemeines Völkerrecht

I. Völkerrechtliches Delikt

Im Mittelpunkt völkerrechtlicher Fallaufgaben steht zumeist die Frage nach der völkerrechtlichen Verantwortlichkeit. Für die Falllösung bietet sich folgende Prüfungsreihenfolge an:[88] **500**

Völkerrechtssubjekte	Staaten sowie weitere Akteure, die das Völkerrecht mit Rechtssubjektivität, d.h. mit der Fähigkeit Träger von Rechten und/oder Pflichten zu sein, ausgestattet hat. In Betracht kommen insoweit insb. *de-facto*-Regime, internationale Organisationen, Völker, Befreiungsbewegungen sowie Individuen.	**501**
Deliktsfähigkeit, aktive	Fähigkeit, Subjekt eines völkerrechtlichen Delikts zu sein. Sind Völkerrechtssubjekte nur, wenn sie auch handlungsfähig sind, d.h., wenn ihnen das Völkerrecht ein Verhalten abverlangt und sie tatsächlich in der Lage sind, diesem Normbefehl zu entsprechen. Die aktive Deliktsfähigkeit fehlt einem Völkerrechtssubjekt nur ausnahmsweise, zB einem sog. *failed state*.	**502**
Deliktsfähigkeit, passive	Fähigkeit, Objekt eines völkerrechtlichen Delikts zu sein. Kommt dagegen jedem Völkerrechtssubjekt zu.	**503**
Völkerrechtswidrige Handlung	Verhalten (Tun oder Unterlassen), das dem Deliktssubjekt zurechenbar ist und gegen eine ihm obliegende völkerrechtliche Verpflichtung verstößt (vgl. ILC-Art. 2 zur Staatenverantwortlichkeit[89]).	**504**

[88] Eingehend zum „Deliktsaufbau“ sowie zu den im Zusammenhang mit dem völkerrechtlichen Delikt zu beachtenden „Standardproblemen“ *Kunig*, Jura 1986, 344 ff.; *ders./Uerpmann-Wittzack*, Übungen im Völkerrecht, 2. Aufl. 2006, S. 1 ff.

[89] Verantwortlichkeit der Staaten für völkerrechtswidrige Handlungen, Anlage der Resolution der VN-Generalversammlung Nr. 56/83 vom 12. Dezember 2001.

505	Zurechenbares Verhalten	Verhalten ist dem Deliktssubjekt zurechenbar, wenn dieses selbst – durch seine Organe – gehandelt hat. Handlungen oder Unterlassungen von dritter Seite sind dem Deliktssubjekt nur ausnahmsweise zurechenbar, etwa wenn es das Verhalten geleitet oder kontrolliert hat oder dieses nachträglich als eigenes anerkennt (vgl. hierzu ILC-Art. 4 ff. zur Staatenverantwortlichkeit).

506 **A. Deliktsfähigkeit: Völkerrechtssubjekte**

I. Aktive Deliktsfähigkeit

II. Passive Deliktsfähigkeit

B. Völkerrechtswidrige Handlung

I. Zurechenbares Verhalten

II. Verletzung einer völkerrechtlichen Verpflichtung (ergibt sich aus völkerrechtlichem Vertrag, Völkergewohnheitsrecht oder allgemeinen Rechtsgrundsätzen i.S.d. Völkerrechts)

C. Kein Ausschluss der Verantwortlichkeit

Als Rechtfertigungsgründe kommen insb. Einwilligung, Selbstverteidigung, Gegenmaßnahmen, Höhere Gewalt, Notlage und Notstand (vgl. ILC-Art. 20 ff. zur Staatenverantwortlichkeit) in Betracht.

Von Klausurrelevanz ist insb. die Gegenmaßnahme (Repressalie):

Eine Gegenmaßnahme ist zulässig (vgl. ILC-Art. 22, 49 ff. zur Staatenverantwortlichkeit), wenn sie

(1) als Antwort auf einen vorangegangenen Völkerrechtsverstoß des anderen Teils erfolgt,

(2) kein Ausschlussgrund vorliegt (zB sind gewaltsame Gegenmaßnahmen durch das Gewaltverbot ausgeschlossen),

(3) darauf zielt, den anderen Teil zur Beendigung seines völkerrechtswidrigen Verhaltens oder zur Wiedergutmachung zu bewegen,

(4) zuvor angekündigt wurde und

(5) verhältnismäßig ist.

D. Rechtsfolgen

Verpflichtung zur Beseitigung des völkerrechtswidrig verursachten Zustands und zur Wiedergutmachung (vgl. ILC-Art. 34 ff. zur Staatenverantwortlichkeit).

II. Streitige Gerichtsbarkeit des IGH

Völkerrechtliche Fallaufgaben können auch mit der Frage nach den Erfolgsaussichten eines Verfahrens vor einem internationalen Gericht verbunden sein. Zu prüfen sind dann zunächst die Sachentscheidungsvoraussetzungen des einschlägigen Rechtsbehelfs. Für das streitige Verfahren vor dem IGH sind dies: **507**

Rechtsstreitigkeiten	Meinungsverschiedenheiten über Rechtsfragen	
		508

A. Parteifähigkeit **509**

I. nach Art. 34 I IGH-Statut nur Staaten

II. Mitgliedstaaten der Vereinten Nationen ohne Weiteres (Art. 35 I IGH-Statut iVm Art. 93 I VN-Charta)

III. für Drittstaaten normieren Art. 93 II VN-Charta und Art. 35 II IGH-Statut gesonderte Voraussetzungen

B. Zuständigkeit: bei Einwilligung der Streitparteien

I. ad hoc durch einen Schiedskompromiss der Streitparteien, der die Zuständigkeit des IGH für den Einzelfall begründet

II. durch die Zustimmung der beklagten Partei nach Klageerhebung, sei es ausdrücklich, sei es stillschweigend durch rügelose Einlassung zur Sache (sog. forum prorogatum)

III. durch die Vereinbarung der Zuständigkeit des IGH in einem völkerrechtlichen Vertrag, der beide Seiten bindet oder

IV. durch eine Erklärung nach der sog. Fakultativklausel des Art. 36 II IGH-Statut, die Jurisdiktion des IGH allgemein anzuerkennen.

C. Vorliegen einer Rechtsstreitigkeit (Art. 36 I, II IGH-Statut)

D. Kein Ausschluss der Gerichtsbarkeit des IGH

(durch vertragliche Vereinbarung zwischen den Streitparteien; vgl. bspw. Art. 259, 273 AEUV, die für Streitigkeiten über die Auslegung und Anwendung von Unionsrecht gelten).

510 Die ihm unterbreiteten Streitigkeiten entscheidet der IGH unter Anwendung völkerrechtlicher Verträge, des Völkergewohnheitsrechts sowie der von den Kulturvölkern anerkannten allgemeinen Rechtsgrundsätze, Art. 38 I IGH-Statut.

B. EMRK

I. Konventionsrechtsverletzung

511	Eingriff	Jede staatliche Maßnahme, die ein konventionsrechtlich geschütztes Verhalten beschränkt oder unmöglich macht.

512 **0. Vorprüfung: Anwendbarkeit des Konventionsrecht, insb.**

I. Ratifikation der betreffenden Konventionsbestimmung durch den Beschwerdegegner

II. Nichteingreifen bzw. Unwirksamkeit eines Vorbehalts nach Art. 57 EMRK

A. Schutzbereich des Konventionsrechts

I. Sachlicher Schutzbereich: der vom einzelnen Konventionsrecht jeweils geschützte Lebenssachverhalt

II. Persönlicher Schutzbereich: grds. jedermann; Ausnahmen: Art. 3 Zusatzprotokoll 1 (Wahlrecht), Art. 3 Zusatzprotokoll 4 (Ausweisungsschutz): nur eigene Staatsangehörige

B. Eingriff

C. Rechtfertigung

I. Einschränkbarkeit des Konventionsrechts

1. vorbehaltlos gewährleistete Rechte (nur ausnahmsweise; bspw. Art. 3 EMRK (Verbot der Folter), Art. 4 I EMRK (Verbot der Sklaverei): Begrenzung durch kollidierendes Konventionsrecht
2. Rechte mit Schrankenvorbehalt

II. Allgemeine Schrankenregelungen: Art. 15–17 EMRK

1. von Konventionsrechten darf im Falle des Krieges oder eines anderen öffentlichen Notstandes abgewichen werden, soweit die Maßnahmen unbedingt erforderlich sind und nicht im Widerspruch zu sonstigen völkerrechtlichen Verpflichtungen stehen.

2. Konventionsstaaten können die politische Tätigkeit von Ausländern (nicht: Unionsmitgliedern) in Bezug auf die Freiheit der Meinungsäußerung sowie die Versammlungs- und Vereinigungsfreiheit ohne Rücksicht auf das Diskriminierungsverbot in Art. 14 EMRK einschränken.
3. Missbrauchsverbot des Art. 17 EMRK

III. Spezielle Schrankenregelungen

1. Notwendigkeit einer gesetzlichen Regelung: Gesetz im materiellen Sinne (also auch untergesetzliche Normen mit Außenwirkung)
2. Verfolgung berechtigter Ziele. Zulässige Ziele werden abschließend jeweils in Abs. 2 der Art. 8 bis 11 EMRK sowie in Art. 2 III Zusatzprotokoll 4 aufgezählt; bspw. Wahrung der nationalen Sicherheit, Aufrechterhaltung der Ordnung, Verhütung von Straftaten, Gesundheitsschutz, Schutz der öffentlichen Moral, Schutz der Rechte und Freiheiten anderer.
3. Verhältnismäßigkeit des Eingriffs

II. Individualbeschwerde zum EGMR

Erschöpfung des Rechtswegs	Erschöpft ist der Rechtsweg erst, wenn das höchste zuständige Gericht erfolglos angerufen wurde.	**513**

Die Sachentscheidungsvoraussetzungen einer Individualbeschwerde zum EGMR sind:[90] **514**

515

A. Partei- und Prozessfähigkeit

I. Parteifähigkeit (Art. 34 EMRK): Jede natürliche Person, nichtstaatliche Organisation oder Personengruppe, die Träger des Konventionsrechts sein kann

II. Prozessfähigkeit

[90] Überblick über die Zulässigkeitsvoraussetzungen einer Individualbeschwerde bei *Peters/Altwicker*, Europäische Menschenrechtskonvention, 2. Aufl. 2012, S. 259 ff.; *Grabenwarter/Pabel*, Europäische Menschenrechtskonvention, 6. Aufl. 2016, S. 48 ff.

B. Beschwerdebefugnis („Opfereigenschaft"):

I. Geltendmachung der Verletzung eines in der Konvention oder den Protokollen anerkannten Rechten (Art. 34 EMRK)

II. Beschwerdeführer ist „Opfer", wenn er selbst, gegenwärtig und unmittelbar betroffen ist und ihm ein erheblicher Nachteil entstanden ist.

Fehlt die Opfereigenschaft, weist der EGMR die Beschwerde wegen Unvereinbarkeit mit der Konvention ratione personae zurück.

C. Rechtswegerschöpfung (Art. 35 I EMRK)

auch formlose Rechtsbehelfe, sofern sie hinreichend zur Abhilfe geeignet sind. Erforderlich aber nicht, wenn Rechtsbehelf zwar formal möglich, aber ohne jede Erfolgschance ist.

D. Beschwerdefrist

6 Monate nach der endgültigen innerstaatlichen Entscheidung (Art. 35 I EMRK); Frist beginnt mit Urteilszustellung; vgl. auch Art. 47 V VerfahrensO

E. Keine zeitliche, örtliche oder sachliche Unvereinbarkeit mit der Konvention (Art. 35 III EMRK)

I. Zeitliche Unvereinbarkeit (ratione temporis): Wenn die Verletzung vor Inkrafttreten der Konvention für den beklagten Staat stattgefunden hat.

II. Örtliche Unvereinbarkeit (ratione loci): Beschwerden, die sich auf Hoheitsakte außerhalb des Gebiets beziehen, für das die Konventionspartei gem. Art. 56 EMRK verantwortlich ist.

III. Sachliche Unvereinbarkeit (ratione materiae): Gerügtes Recht wird von der EMRK nicht gewährleistet.

F. Sonstige Unzulässigkeitsgründe

I. Anonyme Beschwerde (Art. 35 II lit. a) EMRK)

II. Missbrauch des Beschwerderechts (Art. 35 III EMRK)

III. Rechtskräftige oder anderweitige Anhängigkeit in derselben Sache: Individualbeschwerde ist unzulässig, wenn sie mit einer schon vorher vom EGMR geprüften Beschwerde übereinstimmt (res iudicata) oder einer anderen internationalen Instanz (zB dem VN-Menschenrechtsausschuss, der VN-Folterkommission etc.) unterbreitet worden ist (Litispendenz).

Stichwortverzeichnis

Die Zahlen verweisen auf Randziffern.